글로벌 한국사 정리노트

단숨에 읽는 글로벌 한국사

글로벌 한국사 편집위원회 엮음

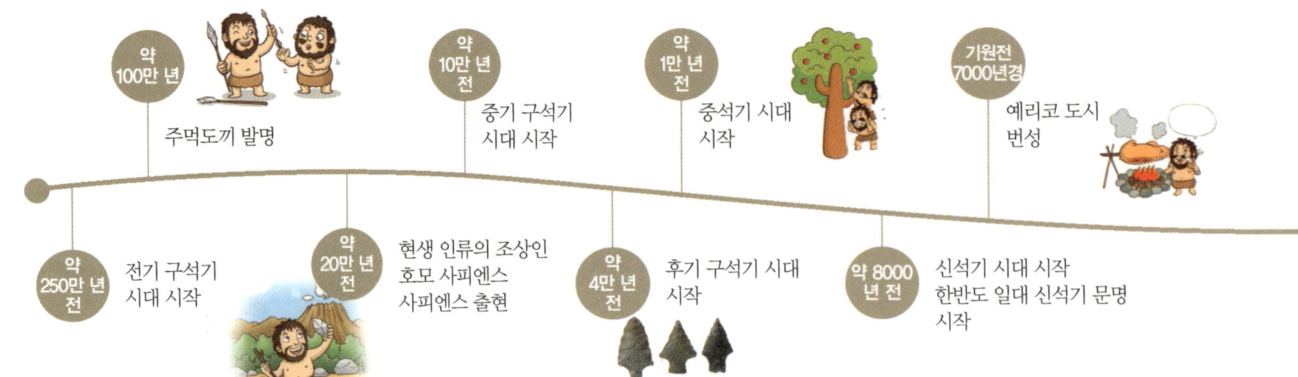

1권 문명의 성장과 한국 고대사

1부 인류의 탄생과 한국사의 걸음마

기원전 400만 년~
기원전 1000년

우주에 지구가 생겨난 것은 대략 46억 년 전, 지구에 생물체가 나타난 것은 38억 년 전쯤이라고 한다. 그리고 아주 긴 세월 동안 진화를 거듭하면서 식물과 동물이 생겨났다. 그럼 인류의 조상은 언제쯤 세상에 나타났을까? 약 400만 년 전 인류의 조상은 동아프리카의 좁은 골짜기 지대에서 처음으로 모습을 드러낸 것으로 알려져 있다. 이 최초의 인류를 '아프리카의 이브'라고 하는데, 오늘날 인류의 유전자를 분석한 결과 동일한 조상에서 갈라진 것으로 밝혀졌기 때문이다. 유인원에서 진화한 인류는 기후 변화로 먹을 것이 부족해지자 아프리카를 떠나 머나먼 길을 이동했다. 이들은 육지로는 북극해 연안을 거쳐 아메리카 대륙의 남단까지, 배를 타고서는 태평양의 작은 섬들까지 삶의 터전을 넓히고 가꾸었다. 그리고 약 70만 년 전에는 한반도에도 발을 들여놓았다.

구석기 시대를 열다

이 과정에서 인류는 점차 머리가 발달하면서 '도구를 쓰는 존재'로 발전했다. 인류가 이런 발전을 이룬 것은 다음의 2가지 이유 때문이었다.

첫 번째는 네 다리로 걷는 동물들과 달리 두 다리로 걷는 직립 보행을 했기 때문이다.

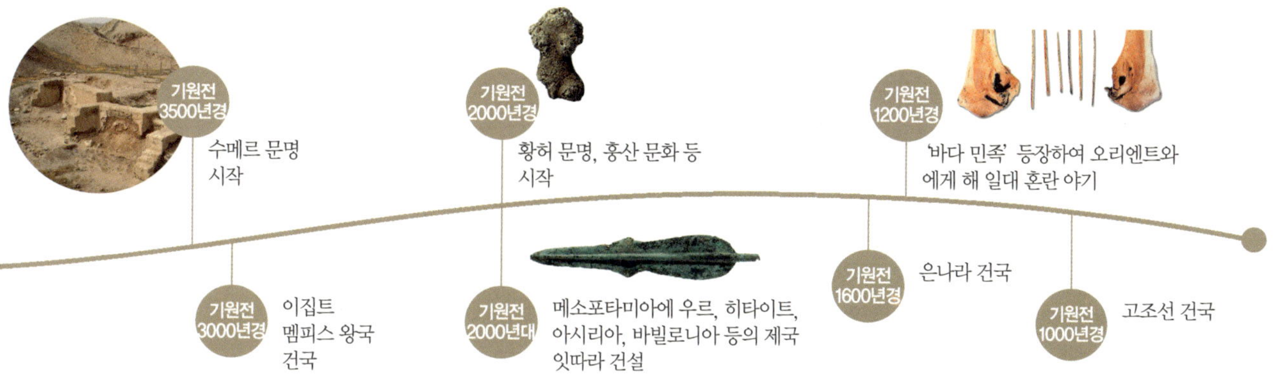

걷는 노동에서 해방된 두 손으로 인류는 자연에 널린 돌을 주워 쓰고 나뭇가지를 꺾어 썼다. 그리고 점차 도구의 활용을 위한 지능을 개발하고 드디어는 돌을 깨고 다듬어 쓰는 인공 도구의 시대를 열었다. 돌을 다듬어 도구로 쓰기 시작한 이 시대를 '석기 시대'라고 부르고, 그 가운데서도 돌을 깨뜨려서 모양을 만들던 이백만 년이 넘는 세월을 '구석기 시대'라고 부른다. 두 번째는 집단생활을 했기 때문이다. 인류는 자연 상태에서는 약한 존재였기 때문에 집단을 이루어 맹수로부터 자신을 보호하고 먹이 활동을 벌여야 했다. 이 과정에서 인류는 서로 간에 의사소통을 하기 위해 언어를 발달시켰고 그 결과 놀라운 지능의 발전을 이루게 된다.

직립 보행과 언어의 사용, 불의 사용과 집단생활을 특징으로 하는 구석기 시대는 인류 역사의 99.9%를 차지할 정도로 오랫동안 이어졌다. 이 시기에 인류는 먹을 것을 찾아 이리저리 이동하면서 점차 자신의 영역을 넓혀 갔고 고유한 정신세계도 발달시키기 시작했다. 죽음을 특별한 것으로 여겨 매장을 하거나 종교적 상상력을 가진 토테미즘*과 자연의 특정 대상을 숭배하는 애니미즘*이 나타난 것도 이 시기의 현상이었다. 보다 많은 사냥을 기원하며 동굴 벽화를 그린 것도 이 시대였다. 만주 지역과 한반도에 정착한 구석기인이 자신만의 독특한 생활 방식과 정신세계를 열면서 점차 발전을 거듭해 나갔던 것도 이런 보편적인 흐름과 맥을 같이 하는 것이었다.

신석기 시대가 생활 혁명을 일으키다

1만 년 전, 인류는 돌을 숫돌에 갈면 훨씬 더 날카롭고 정교한 칼과 도끼를 만들 수 있다는 것을 알게 되었다. 이렇게 돌을 갈아서 만든 '간석기'는 새롭게 등장한 석기라고 해서

토테미즘과 애니미즘
토테미즘 : 원시 사회에서, 부족 또는 씨족과 특별한 혈연관계가 있다고 믿어 특정한 동식물 또는 자연물을 신성하게 여기는 것을 말한다. 예를 들어 단군 신화에서의 곰 숭배와 같은 것이다.
애니미즘 : 자연계의 모든 사물에는 영적·생명적인 것이 있으며, 자연계의 여러 현상도 영적·생명적인 것의 작용으로 보는 세계관 또는 원시 신앙을 말한다. 예를 들어 솟대 위에 있는 새를 하늘과 땅을 연결하는 매개자로 믿는 신앙 등을 말한다.

문명과 문화, 4대 문명
문명 : 인류가 이룩한 물질적, 기술적, 사회 구조적인 발전의 전체를 의미하는 말로 자연 그 대로의 원시적 생활과 비교해 발전되고 세련된 삶의 모습을 말한다. 가령 이집트 문명, 메소포타미아 문명, 인더스 문명, 황허 문명을 4대 문명이라 부를 때 사용되는데, 그것은 자연 상태에서 벗어나 인공 상태의 건축물이나 사회 구조를 갖추게 된 것을 의미한다.
문화 : 자연 상태에서 벗어나 일정한 목적 또는 생활 이상을 실현하고자 사회 구성원에 의하여 습득, 공유, 전달되는 행동 양식이나 그 과정에서 이룩한 물질적·정신적 소득을 통틀어 이르는 말. 의식주를 비롯하여 언어, 풍습, 종교, 학문, 예술, 제도 따위를 모두 포함하는 말이다. 문명이라는 말과 비교하면 보다 정신적인 차원을 강조한 말이다.

'신석기'라고도 불린다. 신석기 시대에 물건을 담고 저장하는 토기도 출현했다. 간석기와 토기는 인류의 생활을 완전히 바꾸어 놓았다. 사람들은 한 곳에 정착해 움집을 짓고 모여 살며 토기에 음식물을 저장했다. 야생 곡물의 씨앗을 뿌려 곡식을 거두었고, 야생 동물을 우리에서 길러 잡아먹었다. 인류의 삶은 이전과 달리 농경과 목축을 중심으로 커다란 변화를 일으켰고 안정적인 '식량 생산'을 위해 보다 큰 인간 집단을 형성해 나갔다. 이 획기적인 생활 방식의 변화를 '신석기 혁명'이라 부른다.

신석기 시대가 진행되면서 혈연을 바탕으로 공동 분배하던 작은 씨족 집단은 보다 큰 단위로 뭉쳐 효율적인 생산 활동을 추구하기 시작했다. 이 과정에서 집단 사이에는 갈등과 마찰이 일어났고 생산 도구로 쓰이던 돌칼과 돌창, 돌화살은 다른 집단과의 전쟁에 쓰이는 무기로 변화했다. 집단이 커지고 생산물이 많아지자 집단 내에서도 더 많이 가진 자와 못 가진 자 사이의 사회적 지위가 달라졌고 점차 지배자와 피지배자의 계급 분화가 일어나기 시작했다.

우리 민족의 조상들이 신석기 시대를 개척하기 시작한 것은 약 8000년 전이었다. 이들은 다른 지역의 신석기인과 달리 빗살무늬 토기를 만들어 썼다. 또한 각종 도구를 만들며 기술을 발전시켰고 독특한 정신세계를 표현하기도 했다. 옷을 만들어 입기도 하고 각종 장신구로 치장하기도 했다. 가리비나 진흙 등으로 신상을 만들어 재앙을 막기 위해 기원했고 이런 주술을 다루는 제사장이 마을의 지도자가 되기도 했다.

청동기 시대에 국가가 들어서다

신석기 시대 말기에 인류는 또 하나의 발전을 이룩한다. 신석기 시대에 등장한 공예 전문가들은 토기, 사냥 도구, 무기 등 생활에 필요한 갖가지 도구들을 개발했다. 그러다가 돌에서 찾아낸 금속들을 섞어 청동을 만들고, 청동으로 각종 도구를 만들기에 이른다. 돌과는 비교할 수 없을 정도로 단단한 새로운 도구, 청동기가 출현한 것이다.

이 무렵 생산물을 어떻게 나눠 가질 것인지, 무엇을 생산할 것인지의 문제를 놓고 분열과 갈등을 겪던 집단 간의 갈등과 분쟁은 전쟁과 정복으로 이어졌고, 그 소용돌이에서 살아남은 사회는 더욱 커지고 복잡해졌다. 인간 집단은 씨족에서 부족으로, 그리고 국가로 나아가게 된 것이다.

그 결과 청동기 시대로 되면서 큰 강 유역에는 도시 국가가 출현했고 세계 곳곳에는 다양한 형태의 문명*이 등장했다. 문명의 발전과 국가의 출현은 이집트, 메소포타미아, 인도, 중국 등 4대 문명을 포함해 청동기 문명이 일어난 대부분의 지역에서 거의 동시에 일어난 현상이었다. 그리고 지배자와 피지배자로 분화되었던 계급 질서는 국가로 나아가면서 왕을 중심으로 하는 통치 조직을 만들기에 이른다. 지배 질서를 확립하기 위해 법률이 나타나고 문자가 개발되어 기록을 남기게 되는 것도 이 시기였다. 이런 세계사의 흐름 속에서 동북아시아의 만주 지역에서도 기원전 1000년 무렵 예맥족을 중심으로 고조선이 들어섰다. 우리 민족 최초의 국가인 고조선은 비파형동검과 세형동검이라는 독자적인 청동기 문화를 만들어 냈다. 또한 만주와 한반도 곳곳에서는 여러 갈래의 부족 국가들이 출현했는데, 이들 국가의 지배자들은 그 위세를 뽐내기 위해 고인돌과 같은 거대한 무덤을 조성하기도 했다.

　인류 역사는 이렇게 구석기 시대, 신석기 시대, 청동기 시대를 거치면서 문명을 향한 발걸음을 하나씩 내딛었다. 이 중 석기 시대와 청동기 시대 일부를 '선사 시대'[*]라고 부른다. 이는 문자라는 인류 최고의 발명품이 청동기 시대에 등장했기 때문이다.

인류의 진화

	구석기	신석기	청동기
시기	250만 년 전~1만 년 전	1만 년 전~3000년 전	3000년 전~기원전 100년경
도구	뗀석기(주먹도끼 등)	간석기와 토기(빗살무늬 토기)	간석기+청동기(비파형동검, 세형동검)
집단	씨족(평등한 분배)	씨족(전기와 중기) ⇒ 부족(후기)	부족 국가(전기) ⇒ 도시 국가(중기 이후)
생활·문화	동굴 거주, 매장 및 동굴 벽화, 불과 언어의 발견	움집 거주, 농경과 목축, 옷과 장신구 신상 제작, 직업의 분화 시작	도시 건설, 행정·군사·노동을 위한 조직, 문자와 법률, 신분 질서의 확립
유적	알타미라, 라스코 동굴 벽화, 연천 전곡리, 청원 두루봉 유적	예리코 유적, 양양 오산리, 부산 동삼동, 서울 암사동 유적	4대 문명 발상지 유적, 샤자뎬 하층, 훙산 문화 유적, 강화도와 고창 고인돌 유적

문명의 성장과 한국 고대사 1권

기원전 1000년~
기원전 108년

제국의 시대와 고조선

2부

동서 제국의 등장

청동기 시대부터 인류의 문명 발전 속도는 눈에 띄게 빨라졌다. 도시를 중심으로 조직적이고 체계적인 분업과 생산 활동이 진행되었기 때문이다. 청동기가 보급되고 그리 오래되지 않아서 인류는 철기라는 새로운 도구를 개발했다. 오늘날까지도 사용되고 있는 철기는 날카롭고 단단한 도구나 무기를 만드는 데 아주 적합한 신소재였다.

철기의 발전과 더불어 동서의 세계는 거대 제국을 중심으로 통합되는 움직임을 보였다. 이집트와 메소포타미아에서 시작된 고대 오리엔트 문명은 여러 국가들이 흥망을 거듭하다가 기원전 5세기 페르시아 제국에 의해 통합되었고, 유럽 문명은 그리스 도시 국가와 알렉산드로스의 마케도니아 제국으로, 다시 로마로 패권이 바뀌면서 대제국을 향한 발걸음을 재촉했다. 특히 알렉산드로스는 기원전 4세기 초 페르시아 제국을 정복해 그리스와 서아시아 지역을 포괄하는 제국을 이루어 헬레니즘 시대를 열었다. 그러나 그의 사후 제국은 여러 나라로 분열되고 말았는데, 이 혼란기를 틈타 이탈리아 반도의 작은 도시 국가에 불과했던 로마가 기원전 3세기 무렵 카르타고와의 경쟁에서 이기면서 지중해의 패권을 차지하고 북아프리카와 오리엔트까지 포괄하는 거대 제국으로 성장했다.

이런 사정은 동방의 인도나 중국도 마찬가지였다. 인도는 기원전 3세기경 아리아 계 정복자들이 중심이 되어 인더스 강과 갠지스 강 유역을 아우르는 마우리아 제국으로 통합되었고 1세기 무렵 일어난 이란 계 쿠샨 제국으로 발전했다. 중국은 청동기 시대에 은(상)나라에서 주나라로 이어지다가 대분열의 시대인 춘추 전국 시대*를 맞았다. 그런데 전국 시대에 철기가 보급되면서 통일을 향한 발걸음이 빨라져 기원전 221년 진나라에 의해 하나로 통합되었다. 스스로를 시황제라 일컬으며 만세를 이끌어 갈 것이라 믿었던 진 시황제의 생각과는 달리 진나라는 불과 16년 만에 멸망하고 초나라와 각축을 벌이던 한나라가 기원전 202년 새로운 통일 제국으로 등장했다. 군국주의적인 법가 사상에 입각한 진나라와는 달리 한나라는 법가와 유가의 결합을 통해 정치적 안정을 꾀했고 전성기인 한 무제(재위 기원전 141~87) 시대에 이르면 중화사상을 바탕으로 한나라 중심의 세계 질서를 이룩하려 했다. 주변 이민족에 대한 회유와 정복을 통해 한나라의 영역은 동서남북으로 확대되었고 마침내 유목 제국이 지배하던 동서 제국의 연결 통로 실크로드와 맞닿게 되었다.

고조선의 성장과 멸망

동서에 로마와 한나라라는 두 제국이 등장할 무렵 동북아시아에도 또 다른 제국을 꿈꾸던 우리 조상의 나라 고조선이 있었다. 이런 사정은 중국 북방의 초원 지대나 남방에도 마찬가지였다. 북방에는 강력한 유목 민족인 흉노가 기세를 떨치고 있었고 지금의 베트남 지역과 중국 남방에는 남월이 강력하게 버티고 있었다. 스스로를 중화로 받들고 주변 민족을 이적이라 얕보는 중화사상을 펼쳐 나가던 한나라로서는 이들에 대한 회유와 정벌이 불가피한 상황이었다.

기원전 10세기에 등장한 고조선은 춘추 전국 시대에 이미 중국의 나라들과 교류도 하고 싸움도 하면서 독자적 세력권을 키워 나갔다. 기원전 3세기에는 전국 칠웅의 하나이던 연나라에 밀려 요동 지역에서 한반도 북부의 평양으로 수도를 옮기기도 했지만 중국의 혼란기를 틈타 다시 세력을 회복했다. 기원전 2세기 초에는 한나라에서 망명한 위만이 왕권을 탈취해 위만 왕조를 열기도 했지만 고조선이 동북아시아의 패자라는 지위에는 변함이 없었다. 그러나 고조선이 만주와 한반도를 아우르는 패권 국가로서 주변 소국들과 한나라 사이의 중계 무역권을 차지하고 흉노와의 연대를 통해서라도 독자성을 유지하려 하자, 한나라와 고조선 사이에는 갈등이 일어날 수밖에 없었다.

한 무제는 먼저 북방의 강자 흉노를 견제하려고 맹장 곽거병을 보내 흉노를 고비 사막 너머로 몰아냈다. 그리고 흉노의 혼야왕이 투항해 오자 하서 지역에 4개 군을 설치해 서역 진출의 거점으로 삼기도 했다. 다음에는 남쪽으로 발길을 돌려 남월을 정복해 아홉 개 군을 설치했다. 이제 남은 것은 고조선 하나뿐이었다. 한 무제는 먼저 사신 섭하를 보내 고조선을 회유하려 했고 고조선의 우거왕도 이에 응하려 했다. 그러나 섭하가 돌아가던 길에 배웅 나온 고조선 장수를 살해하면서 두 나라 사이의 전쟁은 돌이킬 수 없게 되었다.

기원전 109년 한나라는 감옥의 흉악범들까지 끌어 모은 6만여 명의 대군을 동원해 고조선을 침공했다. 그러나 고조선의 저항은 완강했다. 초기에는 고조선이 승리하면서 잠시 화친의 조짐도 보였으나 양국 사이의 불신으로 다시 전쟁이 시작되어 1년 가까이 끌었다. 그러다가 고조선 내부에서 분열이 일어나 우거왕이 살해되고 왕검성이 함락되면서 고조선은 기원전 108년 멸망하기에 이른다.

제국의 시대가 남긴 유산

동서에 대제국이 성립하면서 세계는 중심과 주변으로 나뉘어졌다. 중심은 문명이고 주변은 야만이었다. 로마 제국에서는 로마 시민권을 가진 자와 그렇지 않은 자로 구분되었으며, 제국의 성벽 안에 있는 문명인(citizen)과 성벽 바깥에 사는 야만인(barbarian)으로 나뉘었다. 한나라에서도 중화사상을 내세워 중화의 세계 안에 있는 자와 바깥에 있는 자는 구별되었다. 한나라 천하 안에 있는 중화인(한인)과 그 바깥에 있는 이적(오랑캐)은 하늘이 구분한 존재로 인식되었다.

그러나 유라시아의 동과 서를 잇는 광대한 초원 지대 사람들의 눈에 동서의 제국은 좁고 더러운 도시들과 그 주변의 땅에 매여 농사나 짓고 사는 작은 나라들의 모임에 불과했다. 초원의 유목민은 바다로 이어지는 얇은 띠 같은 제국의 도시들과 농경지들을 자신의 일상생활에 필요한 물자를 보급하는 기지처럼 생각했다. 그들은 평화로운 교역을 통해서든, 혹은 약탈과 정복을 통해서든 이곳에서 물자를 공급받을 수 있으면 그것으로 족했다.

헬레니즘과 헤브라이즘

헬레니즘 그리스 인들이 자신들을 지칭하는 말로 헬라스(여신 헬라의 자손들)라고 하는 것에서 유래된 말로, 알렉산드로스가 동방 원정을 마치고 자신의 제국을 '헬레네스의 제국'이라 부르면서 사용되기 시작했다. 19세기 초 역사가 J. G. 드로이젠에 의해 알렉산드로스 제국 이후 그리스 고유의 문화와 오리엔트 문화가 융합하여 이루어진 세계주의적인 문화를 지칭하는 말로 사용되었다.

헤브라이즘 유대인을 지칭하는 헤브류(hebrew)에서 유래했는데, 동방의 문화나 정신을 지칭하는 표현이다. 기독교를 받아들이면서 유럽 인들은 헬레니즘과 헤브라이즘 두 문화를 자신들의 문화적 기원으로 삼았다.

도표로 보는 동서 제국의 역사

오리엔트	수메르 문명	기원전 3000년경
	아카드 제국	기원전 2300~2100년
	우르 제국	기원전 2100~2000년경
	바빌로니아 제국	기원전 1900~1700년경
	히타이트 제국	기원전 1700~1200년경
	아시리아 제국	기원전 2000~609년
	신바빌로니아 제국	기원전 626~539년
	아케메네스 왕조 페르시아 제국	기원전 550~330년
이집트	초기 왕조 시대	기원전 3100~2686년
	고왕국 시대	기원전 2686~2181년
	중왕국 시대	기원전 2040~1739년
	신왕국 시대	기원전 1550~1069년
유럽	에게 문명	기원전 3000년경부터
	그리스 도시 국가	기원전 750년경
	알렉산드로스 제국	기원전 336~323년
	로마 제국	기원전 8세기~서기 476년
인도	하라파 모헨조다로 문명	기원전 3000년경
	마가다 왕국	기원전 600년경
	마우리아 왕조	기원전 321~185년
	쿠샨 왕조	기원전 200년경~서기 6세기 중엽
중국	하나라	기원전 2070~1600년경
	은(상)나라	기원전 1600~1046년경
	주나라	기원전 1046~256년경
	춘추 시대	기원전 770~403년
	전국 시대	기원전 403~221년
	진나라	기원전 221~206년
	한나라	기원전 202년~서기 220년

• 쐐기 문자, 천문학과 60진법
• 수메르 문명에 속한 도시 국가
• 수메르 문명에 속한 도시 국가
• 함무라비 법전
• 최초의 철기 사용
• 기원전 9~8세기 오리엔트 통일
• 메소포타미아 지역의 도시 국가
• 이란 지역에서 발흥해 오리엔트 통일, 기원전 492~449년 그리스와 페르시아의 전쟁, 조로아스터교 신봉

• 최초의 파라오 등장, 상형 문자
• 피라미드 등 대형 석조 건축물 발달
• 관료제
• 투탕카멘, 람세스 2세 등의 거대 무덤 조성기

• 크레타 섬과 미케네 지역의 청동기 문명
• 도시 국가 건설, 기원전 500년경 아테네 민주주의 성립
• 페르시아와 이집트 정복하고 대제국 건설, 헬레니즘 시대 개막
• 로마 도시 국가 성립 후 공화정 실시, 기원전 27년 아우구스투스 제정 시작

• 인더스 강 유역의 청동기 문명, 벽돌 건물과 하수 시설 갖춘 도시 문명
• 갠지스 강 유역
• 찬드라굽타가 건국, 3대 아소카 왕 시절에 인도를 통일하고 불교 전파
• 이란 계 쿠샨 족이 인더스 강 서북부에 건국, 인도를 통일하고 대승 불교를 지원, 간다라 미술의 전성기,
  사산 왕조 페르시아에게 멸망

• 기록상 최초의 나라
• 본격적인 청동기 시대, 은허 유적
• 봉건제 시행
• 주나라 왕권의 약화로 춘추 오패 등 제후의 패권 다툼, 제자백가 등장
• 철기의 도입, 전국 칠웅이 패권을 다툼
• 중국 최초의 통일 국가, 엄격한 법치주의와 군현제, 도량형·화폐 통일, 분서갱유와 만리장성 건설
• 유가 사상에 따른 통치 질서 확립, 중화사상에 입각한 주변 이민족 정벌

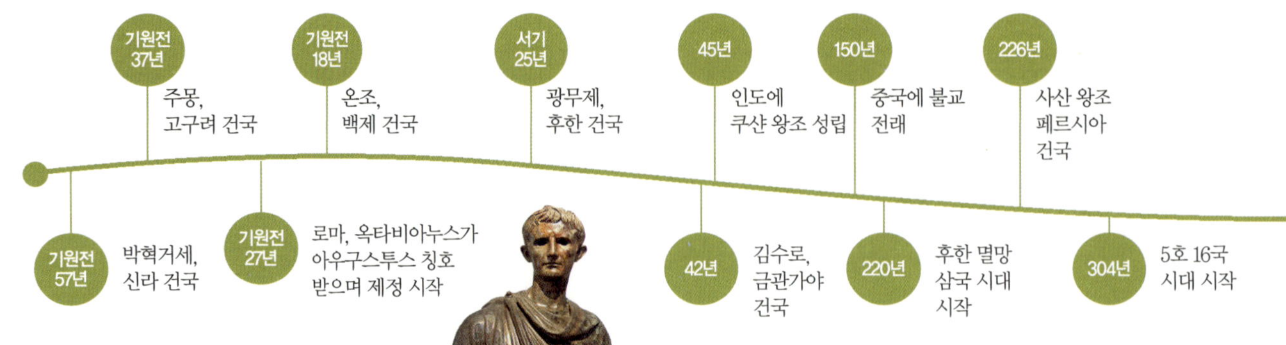

문명의 성장과 한국 고대사

1권 3부

대이동의 시대와 삼국의 발전

기원전 108년~
서기 589년

게르만과 5호, 제국을 조각내다

제국의 시대는 약 200여 년 동안 번영을 누렸다. 로마 제국의 전성기를 흔히 '팍스 로마나(로마의 평화)'라 부르거나 중국인들이 스스로를 한족이라 부를 정도로 '한나라의 위엄'을 보인 것도 이 시기의 일이었다. 그러나 역사에서 흥망성쇠는 피할 수 없는 운명이었다.

제국의 시대를 끝장낸 것은 돌개바람처럼 불어닥친 유목민의 대이동이었다. 로마 제국의 변경에서 일어난 돌개바람은 게르만 족이었다. 하지만 그 출발은 한나라가 흉노를 고비 사막 너머로 밀어내면서 일어난 연쇄 반응이었다. 밀려난 흉노족은 서방으로 이동했고, 가는 길에 부딪치는 약한 나라나 민족을 희생양으로 삼았다. 로마의 쇠퇴기에 들어선 사산 왕조 페르시아가 왕궁을 불태우고 인도의 굽타 왕조가 멸망당한 것도 이들에 의해서였다. 발칸 반도까지 밀어닥친 흉노족(훈 족)을 피해 게르만 족이 이탈리아 반도 안으로 밀려든 것은 5세기 초였다. 그전부터 방만한 운영으로 재정 파탄을 겪은 지 오래인 로마 제국은 동서로 분리돼 두 명의 부황제가 다스렸는데, 그 시대부터 서로마의 군대는 게

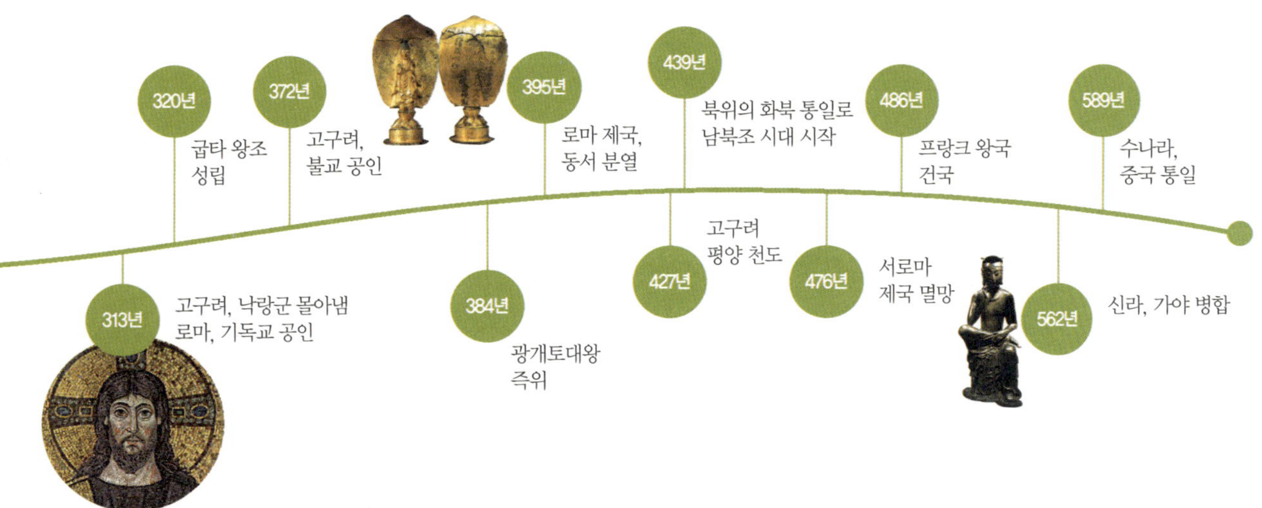

르만 병사로 채워지기 시작했다. 그러다가 476년 서로마는 게르만의 작은 용병 부대에게 멸망당하고 말았다. 제국의 곳곳에는 야만이라 불렸던 게르만의 여러 부족들이 몰려와 새로운 지배자로 자리 잡았다.

한나라 말기의 국경 지대도 점차 중원의 비단과 양식을 필요로 하는 유목민으로 채워져 갔다. 한나라가 쇠퇴하면서 천하를 나눠 가진 위·촉·오 삼국은 강인하고 날랜 유목민 병사를 서로 끌어들였다. 하지만 그 결과는 한족에게 참담한 수모로 되돌아왔다. 위나라를 이어받은 진(晉)나라에 의해 잠깐 동안 삼국이 통일되었지만, 곧이어 중국 북부에는 선비*·흉노·강·저·갈 다섯 유목민이 잇달아 16개의 나라를 세우는 5호 16국 시대(304~439)가 열렸다. 진나라는 장강 이남으로 밀려나서 동진으로 재건되어 약 100여 년간 지속되었지만 중국의 중심은 여전히 북방의 황허 강 유역이었다. 북방의 16국은 시간이 흐름에 따라 한둘의 강국으로 정리되기 시작했고, 중국은 장강을 경계로 한족이 중심인 남조와 이민족이 중심인 북조로 대치했다. 남북조 시대(420~589)가 열린 것이다. 제국의 시대를 열었던 한나라 이후 중국은 300여 년 가까이 대분열의 홍수에 휩쓸렸는데, 그 중심에는 오랑캐라 멸시하던 유목민이 있었다. 유럽처럼 문명의 시대가 암흑의 시대로 후퇴하지는 않았지만, 중화의 자존심은 여지없이 무너져 내렸고 모든 분야에서 새로운 변화의 바람을 맞아야 했다.

문명과 야만, 중심과 변경을 가르던 이분법적 사고가 제국의 붕괴와 함께 무너지자 그 자리를 대체하게 된 것은 새로운 인간관을 내세운 종교였다. 인간의 평등과 인간에 대한 사랑이나 자비를 강조하는 기독교와 불교가 이민족의 국가 건설과 맞물려 새롭게 부각

선비
기원전 1세기부터 서기 6세기에 걸쳐 중국 내몽고 동부와 중국 동북 지역을 장악한 유목 민족으로 위진·남북조 시대에는 북조의 강자 북위를 세우기도 했다. 몽골 계열이라고 보기도 하지만 튀르크 계열까지 포괄하는 혼합 민족이라고도 한다. 5호 중의 하나인 저와 강도 선비족의 일파였다. 선비족은 북중국에 정착하면서 중국에 동화되었는데, 그중 일부는 종족의 정체성을 유지하면서 거란족으로 분화되었다고도 한다. 당나라의 시조 이연이 선비족 출신이라는 것은 유명한 사실이다.

된 것이다. 문명과 야만이라는 선민의식, 우월 의식을 인정할 수 없었던 이민족 지배자들은 인간은 신 앞에서 누구나 평등하다는 기독교의 가르침이나 모든 사람들의 동등한 깨달음을 강조하는 불교의 교리를 적극 수용했다. 서양에서는 교황이 수여하는 왕관을 통해 지배의 정당성과 권위를 확보했고, 동양에서는 전륜성왕 이론을 통해 자신들의 지배를 정당화했다. 이렇게 해서 기독교와 불교는 고대 사회부터 중세 사회에 이르는 긴 기간 동안 대다수 국가들을 지탱하는 통치 이념으로 자리 잡게 된다.

삼국 시대를 향한 발걸음

고조선이 멸망한 후 50여 년이 흐르면서 동북아시아의 곳곳에는 예맥족을 중심으로 새로운 도약의 기운이 솟아났다. 그 결과 고조선 옛 땅에 설치된 한나라 군현들은 차례차례 사라졌다. 다만 왕검성 일대의 낙랑군만 한나라의 동방 전초 기지라는 위치를 지키면서 오랫동안 주변 지역에 대한 영향력을 유지했을 뿐이다. 기원전 1세기 무렵 압록강 연변의 예맥인들은 현도군을 밀어내고 졸본 부여를 중심으로 힘을 모으기 시작했다. 송화강 유역에 있던 부여에서도 여러 무리가 내려가 힘을 보탰다. 이들은 점차 주변 지역에 대한 정복과 회유를 통해 새로운 고대 국가의 모습을 갖추어 나갔는데, 이 나라가 바로 고구려였다.

남쪽에서도 마한·진한·변한 등 삼한에 속하는 여러 소국 연맹체들이 이합집산을 거듭하다가 점점 몇 개의 나라로 통합되어 갔다. 북쪽에서 고구려가 성립할 즈음 삼한에서도 고대 국가들이 등장하는 단계에 들어섰다. 훗날 고구려와 세발솥처럼 나란히 서서 만주와 한반도를 삼분하게 될 백제와 신라 그리고 또 하나의 독자 세력을 형성한 가야가 그 중심에 있었다. 백제는 한강 유역에서 출발해 점차 마한의 중심국으로 떠올랐고, 신라는 진한 지역에서 그리고 가야는 변한 지역에서 고대 국가로 나아가기 시작했다.

그러면 역사에서 고대 국가로의 발전이란 어떤 것을 의미하는 것일까? 가장 먼저 통치 체제의 정비를 들 수 있다. 고대 국가는 왕과 귀족 그리고 평민과 노예로 구분되는 지배와 피지배의 신분 사회였다. 이 가운데 초기의 지배 세력은 국가를 이루는 과정에서 다양하게 결합한 귀족들이 독자적인 영역과 군대까지 거느린 일종의 지방 분권적인 연맹체 형태였다. 왕은 연맹체를 대표하는 상징적인 존재에 불과했다. 그런데 하나의 국가로 통합되면서 지배 세력 내에서 왕의 권한과 힘은 점차 강화되었고, 그에 따라 중앙 집권적인 통치 형태로 변화했다. 독자적인 세력을 지녔던 귀족들의 힘은 점차 약화되면서 왕을 떠받드는 관리로 전환되었는데, 그것을 뒷받침한 것은 행정 조직과 율령* 체계의 정비였다. 여기서 행정 조직의 정비는 왕을 정점으로 피라미드 식의 관리 제도를 체계화하는 것이며, 율령 체계란 개인의 권력에 의한 통치가 아니라 법에 의한 통치를 의미한다. 우리 역사에서 통치 체제의 정비는 고구려는 대략 2세기 무렵 태조왕 시절에, 백제는 3세기 고 이왕 시절에, 신라는 5세기 지증왕 시절에 이룩하게 된다.

그다음으로 국가 전체를 다스리는 이념 체계의 정비를 들 수 있다. 고대 국가가 성장 하면서 초기에는 토속 신앙에 바탕을 둔 왕의 신격화로 이념 체계를 세웠다. 가령 주몽이 나 박혁거세, 김수로의 탄생 신화처럼 하늘의 뜻을 땅에 전달하는 매개자인 새의 알에서 태어났다는 식의 신성화 작업을 통해 왕권 강화를 이루었다. 그러나 점차 사회가 발전되 면서 좀 더 보편적인 이념 체계가 필요하게 되었는데, 우리 역사에서는 불교 사상의 도입 을 통해 이루어진다.

앞에서도 말했지만 불교가 본격적으로 동아시아 사회에 도입된 것은 5호 16국 시대였 고 거기에는 전륜성왕 이론*이 한몫했다. 우리 역사에서 불교의 확산과 왕권 강화의 시 기가 일치하는 이유도 바로 이에 있었다. 고구려는 372년에, 백제는 384년에 그리고 신 라는 법흥왕(재위 514~540) 시절에 불교가 도입되거나 공인되었고, 이후 삼국은 나란히 불교를 공식적인 국교로 삼아 널리 국민들에게도 전파했다.

본격적인 삼국 시대로 나아가다

이렇게 우리 고대사의 세 주역은 앞서거니 뒤서거니 하면서 중앙 집권적인 왕권 강화 그 리고 행정과 이념 체계의 정비를 통해 점차 발전의 동력을 강화해 나갔다. 이 발전 과정 에서 가장 앞선 나라는 고구려였다. 그 이유는 중국과 맞닿아 선진 문물을 받아들이기 쉬 운 위치에 자리 잡고 있었다는 점도 있었지만, 무엇보다도 정복 국가로서 주변 지역에 대 한 평정을 일찍 달성해 통일된 국가로서의 면모를 앞서 갖추었기 때문이다. 3~4세기 무 렵 고구려는 내부 체제를 정비하고 요동 지역으로 진출을 꾀할 정도로 성장했다. 그러다 가 4세기 말 광개토대왕(재위 391~412)이 등장해 동으로 후연, 남으로 백제, 북으로 숙신 등 주변 세력을 제압하고 동북아시아의 중심으로 서게 된다. 이후 장수왕과 문자왕 시대 까지 약 100여 년 동안 고구려 천하를 이룩하면서 중국의 남북조 그리고 북방 초원의 유 연(돌궐)과 더불어 동아시아 4강 체제를 이루어 낸다. 하지만 평화로운 시기가 이어지면 서 정복 전쟁으로 얻어 내던 전리품이 줄어들자 귀족 세력의 권력 다툼이 치열해져 왕권 이 약화되고 귀족 연립 체제가 성립한다. 귀족 연립 체제란 소모적인 권력 투쟁을 막기 위해 대귀족 가문들이 돌아가면서 (대)막리지 자리를 차지하고 서로 연합해서 권력을 분 할한 정치 체제를 말한다. 이후 고구려는 동북아시아의 맹주로서의 지위도 흔들리다가 551년에 한강 유역마저 나 · 제 동맹에 빼앗기면서 쇠락의 길을 걷게 된다.

고구려보다 고대 국가 체제의 정비는 늦었지만 일찍이 중국과 교류하며 성장한 백제는 4세기 중반 근초고왕(재위 346~375) 시절에 마한 전 지역을 통합하고 북으로는 고구려를 밀어내고 멀리 요동 지역까지 진출하는 한편 가야와 왜 등을 복속시켜 전성기를 이루었다. 그러나 4세기 말부터 욱일승천하는 고구려의 기세에 눌려 한성 백제 시대를 마감하고 웅진으로 천도하는 비운을 맞았다. 광개토대왕과 장수왕이라는 걸출한 영웅들이 이끄는 고구려의 막강 전력에 왕이 포로로 잡히거나 참수당하고 수도 한성이 함락되었기 때문이다. 웅진 천도 이후 백제는 433년 신라와 나·제 동맹을 맺고 고구려의 남진을 힘겹게 막아 내면서 내부 정비에 나서야 했다. 그러나 귀족 세력의 권력 다툼으로 왕권이 흔들리며 한동안 침체기를 맞았다. 그러다가 무령왕(재위 501~523) 시대에 가서야 옛 한성 시대의 국력을 다시 회복하면서 한강 유역의 수복을 향한 발걸음을 본격화한다.

고구려나 백제에 비해 지역적으로 한반도의 동남부에 쳐진 신라는 선진 문물을 접할 기회도 적었고, 주변에 백제와 가야라는 강적이 버티고 있어서 상대적으로 고대 국가로의 성장은 더딘 편이었다. 이런 한계를 벗어나기 위해 신라는 낙동강 중상류 지역을 평정하면서 성장하고자 했다. 그러나 4세기 말 낙동강 유역을 둘러싸고 갈등하던 가야가 왜군을 끌어들여 수도인 금성이 포위되는 위기를 맞았다. 신라는 긴급히 고구려에 원군을 요청했고, 신라나 백제를 신하의 나라라고 여기던 광개토대왕은 4만 명의 병력을 파견해 신라를 구원하고 금관가야를 초토화시켰다. 이 사건 이후 신라는 고구려에 복속되었으나 이것이 도리어 신라의 발전을 이루는 계기가 되었다. 신라는 고구려를 통해 선진 문물을 받아들이는 한편 가야 연맹이 중심을 잃고 흔들리는 사이 낙동강 유역으로의 진출을 강화할 수 있었기 때문이다. 이후 신라는 고구려의 신라 주둔군을 몰아내고 나·제 동맹을 통해 고구려를 효과적으로 막아 내면서 정치적·군사적 안정을 꾀하는 한편, 중국과 교류하며 선진 문물과 제도를 받아들여 고대 국가로서의 체제 정비를 이룩한다. 6세기 초반 지증왕과 법흥왕 때의 일이었다.

신라의 성장은 가야의 위기였다. 가야는 여러 소국들의 연맹체 형태에서 벗어나지 못했고, 철기의 대외 수출을 통해 경제를 유지했기 때문에 대규모의 군사력을 보유할 수 없는 한계가 있었다. 이런 상황에서 대외 무역의 관문인 낙동강 유역에 대해 신라가 야욕을 드러내자 자연히 갈등이 빚어질 수밖에 없었다. 가야는 생존을 위해 때로는 백제를 끌어들이거나 때로는 신라와 화친하는 한편 항시적인 우방으로 왜를 끌어들였다. 왜는 가야에서 제공하는 철기나 제련 기술이 필요했고, 가야는 왜가 보유한 군사력이 필요했기 때문이다. 왜는 자주 신라의 해안 지역을 침략해 신라를 괴롭혔는데 이는 가야와 깊은 연관이 있는 일이었다. 그러다가 4세기 말 가야와 왜의 연합군이 신라의 수도 금성을 공격하자 광개토대왕의 4만 대군이 가야 연맹의 중심국 금관가야를 정벌하는 일이 발생했다. 이 일로 금관가야는 쑥대밭이 되고 가야 연맹의 맹주 자리도 대가야에 넘겨주게 된다. 이후 금관가야는 법흥왕 시절에, 대가야를 비롯한 가야 연맹 전체는 진흥왕 시절에 신라에 합병되면서 역사의 무대에서 사라지게 된다.

한강 대전을 통해 드러난 삼국의 역학 관계

한강 유역은 넓은 들을 지닌 식량 생산의 중심지이자 강을 경계로 한 전략적 방어 요충지이기도 했고, 중국과의 해상 교역로 가운데 가장 입지가 좋은 교통의 요지였다. 따라서 한강 유역을 차지하는 것은 한반도의 패권을 확보하는 길이기도 했다. 삼국은 앞다투어 한강 유역을 장악하려고 애썼다. 처음 백제는 이곳을 차지하면서 성장의 발판을 마련할 수 있었다. 그런데 5세기 초반 고구려의 침공으로 이 지역을 빼앗기고 천도하면서 한강 유역의 수복은 백제 왕실의 염원이 되다시피 했다. 백제는 나·제 동맹으로 고구려의 남하를 막아 내는 한편 국력을 강화하면서 호시탐탐 기회를 노렸다. 그리고 마침내 성왕 시절인 551년에 신라와 협력해 그 소망을 달성한다. 무령왕을 이은 성왕은 이름에서 알 수 있듯이 매우 걸출한 왕이었고 백제 중흥의 기수였다.

성왕에 못지않은 왕이 신라에도 있었다. 바로 진흥왕이었다. 진흥왕은 신라가 동남쪽 한구석에 치우쳐 있으면 성장하기 힘들다는 점을 누구보다 잘 알고 있었기에 백제가 점령한 한강 유역의 하류 지대를 차지하고 싶었다. 그런데 고구려가 은밀하게 신라가 이 지역을 차지하면 눈감아 주겠다는 제안까지 하자 진흥왕은 전격적으로 백제군을 공격해 한강 유역 전체를 장악했다. 신라의 배반에 분노한 성왕은 대규모 군사를 동원해 한강 유역으로 가는 길목인 관산성을 공격했다. 그러나 신라의 첩보망에 걸린 성왕이 어이없이 사망하는 바람에 백제군은 궤멸되고 말았다. 백제라는 강적을 물리친 진흥왕은 고구려의 동해안 영토를 차지하고 가야 연맹까지 없애면서 신라의 전성시대를 열었다. 가장 늦게 고대 국가로 발전했지만 가장 적절한 시기에 한강 유역을 차지한 신라는 한반도의 떠오르는 샛별이 되었다. 이제 한반도의 패권을 둘러싼 삼국 간의 암투는 더욱 치열하게 전개될 운명을 맞았다.

기원전 4세기부터 서기 1세기 무렵까지 중국 북방 오르도스 지역과 내몽골 지역에서 유목 제국을 형성했던 기마 민족으로 몽골 족의 시조라는 주장도 있다. 중국 역사서에는 주나라 시기부터 이민족을 동서남북으로 나눠 북적, 남만, 서융, 동이라고 불렀는데, 흉노가 북적이나 서융과 같은 계열의 민족이라고 보는 견해도 있다. 여기서 남만은 동남아시아나 중국 남방 계열의 민족이며, 동이는 우리 민족의 시조인 예맥족을 포함한 동호, 선비, 말갈 등 몽골 계 민족을 이르는 말이다. 흉노는 부족 연합체를 형성한 기원전 3세기 무렵부터 중국을 자주 침략해 약탈을 일삼았다. 진시황제가 만리장성을 쌓은 것도 흉노의 침략 때문이었다고 한다. 한나라 초기 왕소군이라는 후궁을 흉노의 선우(부족 연합체의 우두머리)에게 바친 일이나 한 무제가 서역 여러 민족과 힘을 합해 흉노를 공격한 사건 역시 이런 까닭이었다. 흉노는 후한 시대에 남북으로 분열되었는데, 이를 틈타 한나라는 또 다른 이민족인 선비족과 힘을 합해 공격했다. 한과 선비의 연합 공격을 받은 북흉노는 서방으로 이동했고, 이들이 서방으로 진출하면서 게르만 족의 이동을 유발한 훈 족이 되었다고 한다. 한편 남흉노는 한나라의 이주 정책에 따라 감숙성 일대에 자리 잡았는데, 이들이 5호 16국 시대의 5호 가운데 하나인 흉노였다. 5호 16국 시대 이후 흉노라는 표현이 사라지는 것으로 미루어 볼 때 이들이 한족이나 선비족 등의 다른 민족에 흡수·동화된 것으로 보인다.

우리 역사에서도 흉노와 관련된 흥미로운 기록이 남아 있다. 신라 문무왕릉비를 포함, 몇 명의 왕릉비에 신라 김씨 왕족의 선조가 흉노족의 왕으로 한나라에 투항한 투후 김일제라고 주장한 내용이다. 이에 대해 신라 왕실의 역사적 정통성을 내세우려는 거짓인지 아니면 사실인지 여부를 놓고 논란이 일기도 했다. 일부 학자들은 신라 왕릉에서 출토된 금관이나 기마 장식 등을 근거로 역사적 사실이라고 보기도 한다.

위 · 진 남북조의 변천사

한나라가 멸망한 뒤 위 · 촉 · 오 삼국 시대부터 여러 나라가 일어났다 스러지기를 거듭하다 수나라가 중국을 통일하기까지의 혼란했던 시기를 '위 · 진 남북조 시대'라고 한다. 5호 16국 시대는 흉노족의 한나라 건국에서부터 북조의 북위가 북중국을 통일할 때까지 분열기를 가리키는 표현이다.

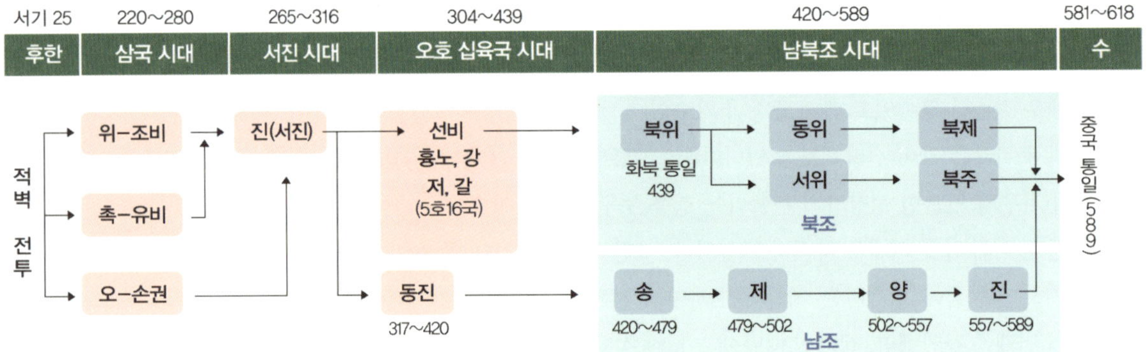

로마 제국의 변천사

제정의 시작 (기원전 27년)	5현제 시대 (96~180년)	군인 황제 시대 (235~284년)	동서 로마의 분리 (395년)	서로마 제국의 멸망 (476년)	동로마 제국 멸망 (1453년)
옥타비아누스가 아우구스투스(존엄한 자) 칭호를 받으며 제정 출발	후계자가 무능하거나 난폭한 아들(친척)로 되면서 일어난 문제를 해결하려 현명하다고 추천된 사람을 후계자로 세운 시대로 비교적 정치적 안정을 찾음	초기에는 군인들의 환심을 사거나 지지를 받은 사람이 황제로 추대되었으나 점차 암투가 일어나 무력으로 황제를 죽이고 권력을 차지하던 혼란기	게르만 족의 이동과 내부 혼란으로 제국을 동과 서로 나누어 2명의 부황제를 두고 다스림	게르만 족 용병 대장이던 오도아케르에게 멸망됨	게르만 족의 침입을 물리친 동로마 제국은 6세기 유스티니아누스 대제 시절에는 서로마 제국의 영토 상당수를 수복하면서 비잔티움 제국으로 군림했으나, 7세기 후반부터 이슬람 세력의 침입에 시달리며 영토가 줄어들다가 1453년 오스만 튀르크 제국에게 멸망함

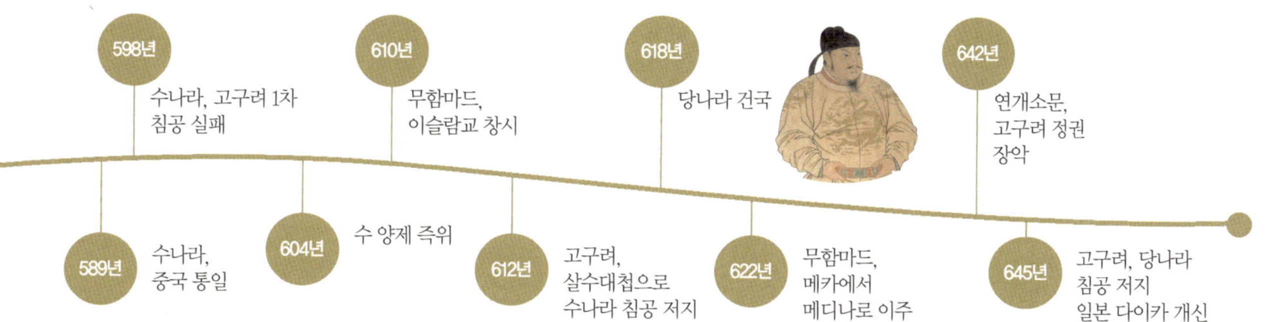

문명의 성장과 한국 고대사

589년~645년

두 천하의 전쟁

중국, 분열에서 다시 통일로

서로마 제국의 멸망 이후 서쪽 세계는 게르만 족의 이동과 정착이 이어지면서 큰 변동이 없었다. 그러나 6세기 말 동아시아에는 거대한 변화가 다가오고 있었다. 중국의 남북조·유연(돌궐)·고구려를 축으로 한 4강 시대가 막을 내리기 시작한 것이다.

6세기 중엽 중국 북조의 북위가 동위·서위로 분열되고, 이 두 나라가 북제·북주로 바뀐 것이 신호탄이었다. 북주를 계승한 수나라는 곧 북제를 멸망시켜 북중국을 통일했다. 뒤이어 남쪽으로 쳐 내려간 수나라군은 589년 남조의 마지막 왕조 진(陳)을 정복했다. 거대한 중국 대륙이 다시 통일된 것이다. 중국의 통일과 더불어 동아시아 각국은 새로운 국제 질서 수립을 위한 물밑 교섭과 지상 열전에 돌입할 수밖에 없었다.

수나라는 이웃 나라들에게 수나라가 천하의 유일한 중심이라는 사실을 인정하고 각 나라의 지배자들이 수나라 황제의 신하임을 선언하라고 요구했다. 그동안 동아시아는 중국·북아시아·동북아시아 등 여러 개의 크고 작은 천하를 상정하고 서로가 이를 인정해 왔으나, 수나라는 자신만이 유일한 천하임을 요구한 것이다. 수나라가 가장 신경을 쓴

것은 북쪽 초원을 장악하고 항상 중국 국경을 넘보는 돌궐이었다. 수나라는 6세기 후반 동서로 나뉜 돌궐에 대한 압박을 지속해 나갔다. 599년 동동궐이 수나라가 요구한 국제 질서 속으로 편입되자 이제 남은 것은 동북아시아의 천하임을 내세운 고구려뿐이었다.

고구려와 수나라의 전쟁

북위가 동서로 분열될 즈음 동북아시아의 패자 고구려의 사정도 편하지는 않았다. 안으로는 지배 세력인 귀족들의 분쟁에 시달리고, 바깥으로는 백제와 신라의 반격에 부딪히고 있었다. 수나라가 중국 통일에 성공하자 고구려는 역설적으로 내분을 봉합할 수 있었다. 강대국으로 떠오른 수나라가 고구려를 압박해 왔기 때문에 집안싸움이나 하고 앉아 있을 여력이 없었던 것이다.

수나라는 먼저 고구려에 실질적인 조공 · 책봉* 관계를 요구했다. 그러나 고구려는 수나라의 요구에 응할 생각이 없었으므로 전쟁에 대한 대비책을 세우는 한편 유목 제국 돌궐과 연합해 수나라에 대항하려 했다. 이 연합이 거의 성사될 즈음 수나라가 돌궐을 회유하자 고구려는 수나라 쪽으로 기울던 거란 등 주변 이민족을 제압하고자 요서에 군대를 파견했다. 수 문제(재위 581~604)는 고구려의 군사 행동을 자신에 대한 도전으로 받아들여 598년에 전면 전쟁을 선포하고 육군과 수군 30만 명을 동원해 1차 침공을 단행했다. 자신만만하게 대군을 파병했지만 수나라군은 어이없게도 홍수와 태풍, 전염병 등의 자연 재해를 만나 대다수 병사를 잃고 회군하고 말았다.

1차 침공에서 실패한 수 문제는 고구려와 전쟁보다는 화친을 추구했고, 이후 한동안 두 천하 사이에는 평화의 기운이 감돌았다. 그러나 수 문제가 죽고 수 양제(재위 604~618)가 2대 황제로 즉위하면서 고구려에 대한 압박이 다시 강화되었다. 611년에 서돌궐마저 수나라 천하의 질서 속으로 편입시킨 수 양제는 본격적인 고구려 공략을 준비했다. 마침내 612년에 수 양제는 113만 명에 이르는 대군을 이끌고 고구려 정벌에 직접 나섰다. 군량 등 물자만 나르는 병력 100만 명까지 합하면 200만 명에 이르는 대군을 동원했지만 고구려의 요동성은 요지부동이었다. 3개월 동안 요동성에 발목을 붙잡히자 수 양제는 우중문에게 별동대 30만 명을 주어 평양성 공략을 명했다. 그러나 을지문덕이 지휘하는 고구려군은 수나라군이 오는 길목마다 곡식을 치우고 우물을 메우는 청야 전술을 펴면서 수나라군이 지치기만을 기다렸다. 빠르게 진군하느라 군량마저 버리면서 왔던 수나라군은 평양성 인근에 도달하고도 싸울 힘을 상실한 상태였다. 그 때문에 을지문덕이 항복할 듯한 의사를 전달하자 곧바로 철군을 결정했다. 그러나 그들을 기다린 것은 살수 주변에 매복한 고구려군이었다. '살수 대첩'으로 30만 정예병이 몰살당하자 수 양제는 마지못해 철군하고 만다.

동아시아 맹주의 꿈에 부풀었던 수 양제에게 고구려 정벌의 실패는 자존감을 무너뜨리는 치욕이었다. 그는 이듬해 다시 군대를 동원해 3차 침공을 단행했다. 그러나 수나라 내부에서는 무리한 원정과 학정에 반발해 대규모 농민 반란이 일어났고 그 바람에 다시 철군해야 했다. 이어서 계속 4차, 5차 침공을 시도했지만 이미 수나라는 반란군에게 무너지기 직전이었다. 결국 618년 황실 친위대에게 수 양제가 살해되면서 수 왕조는 자멸의 길로 들어서고 만다.

고구려와 당나라의 전쟁

국력을 총동원한 동방 원정이 실패로 돌아가면서 귀족들마저 이탈해 수 왕조는 채 40여 년도 되지 않아 멸망했다. 618년에 건국한 당나라는 우선 곳곳에서 일어난 지방의 군웅과 농민 반란을 진압하는 데 주력할 수밖에 없는 처지였다. 수나라와의 전쟁으로 지친 고구려 또한 당나라와 평화 관계를 맺고 자기 정비에 나서야 했다. 그래서 두 나라는 국교를 맺어 평화 공존의 길을 선택했다. 그러나 당나라가 지방의 반란 세력을 완전히 평정하면서부터 다시 두 천하 사이에는 긴장감이 감돌았다.

당나라 건국의 주역이자 친형제마저 제거하고 황제에 오른 당 태종(재위 626~642) 또한 수 양제에 못지않은 야심가였다. 그 역시 당나라 천하를 실현시키는 영웅을 꿈꾸었다. 당 태종은 중국의 혼란을 틈타 북방에서 다시 독립한 돌궐이나 서역으로 가는 교통로를 장악한 토욕혼, 서남방의 강자 토번 등 잠재적 위협 세력을 먼저 제압하고자 했다. 토번에는 자신의 딸인 문성 공주를 보내 화친하고 토욕혼이나 돌궐에 대해서는 정복 전쟁을 벌여 나갔다. 동돌궐과 토욕혼을 제압하고 서돌궐마저 서북방으로 밀어내면서 당 태종은 북방 이민족으로부터 유목 세계의 지배자를 뜻하는 '천가한'이라는 칭호를 받았다.

이렇게 당 태종이 서북방 이민족을 제압하는 동안 고구려의 영류왕은 당나라와의 화친 정책을 적극적으로 추진했다. 그러나 당나라가 고압적인 자세로 고구려를 압박하자 고구려 내부는 화친파와 주전파로 갈라져 다툼이 일어났고, 642년에 영류왕의 견제 정책에 반발한 대귀족 연개소문이 정변을 일으켜 영류왕을 시해하기에 이른다. 정권을 장악한 연개소문 또한 내부 혼란을 정비할 필요가 있어 당나라와 화친 정책을 추진했다. 그러나 번번이 당나라의 명령에 순종하지 않는 고구려는 눈엣가시 같은 존재였다. 645년에 당 태종은 대규모 원정군을 일으켜 랴오허 강을 건넜다. 수나라 대군을 꽁꽁 묶었던 요동성은 함락되었으나, 이번에는 조그만 안시성이 당 태종의 발목을 잡았다. 당 태종은 매서운 요동의 겨울 날씨까지 겹쳐 병사들이 싸우지도 못한 채 얼어 죽는 모습을 지켜보다 참담한 마음으로 도망치다시피 철군하고 말았다.

　동북아시아 천하의 중심 고구려는 중국 왕조의 잇따른 도전을 물리치며 만주와 한반도는 중국이 그렇게 쉽게 동화시킬 수 있는 공간이 아님을 보여 주었다. 그러나 수·당과의 연이은 전쟁으로 고구려 또한 엄청난 피해를 입을 수밖에 없었다. 전쟁이 고구려 국내에서 벌어진 탓에 수많은 농경지나 방어 시설 들이 유실되고 인력 피해 또한 만만치 않았기 때문이다.

유연　유연은 4세기 말부터 6세기 말에 걸쳐 중국 북방에 있던 몽골 계 유목 국가를 말한다. 초기 유연의 부족들은 선비족에 복속되었으나 선비족이 북중국으로 들어가면서 몽골 고원을 장악, 5세기 초에는 실크로드의 중심 국가이던 고차국을 지배하에 두면서 강성해진다. 초기에 북위와는 대립·항쟁하는 관계였으나 고구려, 남조 등과 연합하면서 남북조 시대의 4강 체제를 유지하는 한 축이 되었다. 6세기 초 돌궐이 일어나면서 돌궐의 이리가한에게 멸망한다. 멸망한 후 유럽으로 진출한 아바르 족이 유연이라는 주장도 있다.

돌궐　6세기 중반부터 8세기 중반까지 중앙아시아와 중국 동북 지방에 걸쳐 제국을 형성했던 튀르크 계 유목 민족을 말한다. 중국 역사서에는 "흉노의 별종"이라고 나오기도 하는데, 중앙아시아를 장악했던 튀르크 계 철륵의 한 부족이라고 한다. 유연을 제압하면서 중국 북방의 강자로 떠올라 한때는 당나라와 형제 관계를 맺어 조공을 받을 정도였다. 그러나 수당 시대에 중국의 분열책과 반격으로 동서로 분열되었고, 동돌궐은 수나라, 당나라에 복속되기도 했다. 서돌궐은 중앙아시아에서 이슬람교를 받아들이면서 점차 서아시아 지역으로 진출했는데, 11세기의 셀주크 튀르크 제국과 13세기의 오스만 튀르크 제국은 돌궐족이 세운 국가이다.

토욕혼　선비족의 일파가 내몽골에서 티베트 고원으로 이동하면서 세운 것으로 알려진 유목 국가이다. 4세기 무렵부터 성장해 6세기 말에는 당나라를 위협할 정도로 성장했으나 7세기 초 당나라의 정벌로 약화되었다가 663년 토번의 왕 송첸캄포에게 멸망했다.

토번　7세기 초에 건국한 티베트 왕국을 말한다. 7세기 중반 송첸캄포 왕 시절에 전성기를 누리며 토욕혼을 멸망시키고 당나라를 위협했다. 당 태종은 토번의 기세에 눌려 문성 공주를 시집보내 화친을 맺었다. 이후 당나라와 화친·항쟁을 병행하며 9세기 중반까지 지속되다가 분열로 멸망했다.

설연타　6세기에서 7세기까지 내몽골 북부에 있던 튀르크 계의 유목 민족. 돌궐에 복속되어 있다가 독립하여 627년경 돌궐을 무너뜨리고 몽골 고원을 지배했으나, 646년에 중국 당나라에게 멸망했다.

문명의 성장과 한국 고대사

645년~698년

세계사의 대전환과 삼국 통일

1권

5부

세계사의 새로운 주역들이 등장하다

동아시아에서 당나라와 주변 나라들이 새로운 질서의 주역이 되기 위해 각축을 벌이던 7세기 중반 서아시아에서는 거대한 변화가 일어나고 있었다. 전혀 새로운 세력이 꿈틀거리는가 싶더니 어느 순간 그 지역뿐 아니라 세계의 정치적·사상적 지형에 거대한 물결을 일으켰다. 아라비아 반도 메카에서 시작된 이슬람 운동의 물결이 그것이다. 이 물결은 아라비아 사막을 넘어 사산 왕조 페르시아를 포함한 서아시아 전체를 뒤덮은 뒤, 서로는 로마 제국의 붕괴로 힘의 공백 지대였던 북아프리카로 밀려들었고, 동으로는 중앙아시아의 초원 지대까지 이어졌다.

이슬람은 어떤 종교였기에 이토록 빠르게 확산될 수 있었을까? 이슬람교를 창시한 무함마드(570~632)는 610년에 유일신 알라의 계시를 받아 포교를 시작했다. 이슬람교는 알라를 믿으면 누구나 신분에 관계없이 형제자매인 '무슬림(이슬람교도)'으로 평등한 대우를 받는다고 하면서 특히 가난한 자에 대한 보살핌을 강조했다. 여기에 하루 다섯 번 알라에 대해 예배하고 일정한 금식 기간을 지키며 이슬람 성지인 메카를 순례하라는 계율

이외에 특별하게 요구하는 의식이 따로 없었다. 더구나 다른 종교를 믿는 사람들에 대해
서도 배척하지 않으며 정복한 지역의 주민에게는 일정한 인두세만 요구했다. 이런 열린
교리와 정책 때문에 이슬람 세력은 핍박받는 하층 민중의 절대적 지지를 받았고 정복지
에서의 반발도 거의 없었다. 이슬람이 '한 손에는 쿠란, 다른 한 손에는 칼'을 들고 이교
도를 위협한다는 말은 기독교인들이 만들어 낸 유언비어에 불과했다.

이슬람이 무서운 기세로 성장하고 있을 때 유럽은 어떤 상황이었을까? 서로마 제국의
멸망 후 6세기 초까지 여러 게르만의 부족들이 서유럽을 휩쓸었지만 그중 단연 돋보인
세력은 프랑스와 독일 지역을 차지한 프랑크 족이었다. 기독교를 받아들이고 로마 교황
의 후원을 받으면서 프랑크 왕국은 유럽의 새로운 강자로 성장했고 게르만 사회 상당수
를 통합하는 저력을 발휘했다. 그러나 게르만 족 고유의 분할 상속 관습 때문에 왕국은
잘게 쪼개져 나가면서 힘을 잃어 갔다. 7세기 후반부터 프랑크 왕국의 여러 분국을 관리
하던 궁재 대피핀은 그의 아들 카를 마르텔과 더불어 분열된 왕국을 하나로 묶고 게르만
사회의 대통합을 추구했다. 카를 마르텔은 732년 이슬람의 유럽 침공을 물리치면서 프랑
크 왕국의 실질적 지배자가 되었고, 그의 아들 소피핀은 프랑크의 왕으로 집권하기에 이
른다. 소피핀이 연 왕조를 카롤링거 왕조라 부르는데, 그전의 왕조는 메로빙거 왕조라 한
다. 소피핀의 아들 샤를마뉴(카를로스) 시절에는 이탈리아 반도까지 차지하고 교황으로부
터 서로마 제국(신성 로마 제국)의 왕관을 받게 되는데, 이로써 프랑크 왕국은 서유럽에서
새로운 제국의 시대를 연다.

유럽과 서아시아에 새로운 역사의 주역들이 등장하던 7세기 중반 이후에도 동아시아
사회에서는 당나라가 천하의 중심으로 자리 잡고 있었다. 당나라 천하를 인정하지 않는
이민족에 대해서는 정복과 회유를 통해 제압했지만 당나라의 대외 정책에서 핵심은 국
제 무역의 활성화였다. 당나라는 서역 교역로를 확보하기 위해 실크로드 교역 이권을 차
지하려는 이민족인 흉노나 토욕혼, 고창국 등을 제압하고자 했고, 이 정책은 성공했다.
당나라는 고비 사막을 넘는 사막길(실크로드)은 물론이고, 텐산 산맥 북쪽의 초원길(북방
실크로드), 해상길(해양 실크로드)까지 열면서 거미줄 같이 얽힌 교역로를 열었다.

이렇게 해서 당나라의 수도 장안은 '세계 제일의 국제도시'로 성장했다. 외국인이 머
물 수 있도록 거주 지역이나 집까지 제공하고 외국인의 관리 임용까지도 허용하는 빈공
과를 실시할 정도로 당나라는 외국인에 대한 차별 대우를 금했다. 이로 인해 다양한 나라
의 문화와 물품은 물론 종교까지도 들어왔다. 장안에는 마니교*, 경교*, 조로아스터교*
의 사원을 짓도록 허용했고, 자신들과 적대적인 관계에 있던 돌궐이나 고구려인도 관리
로 임용했다. 당나라의 도자기가 유럽이나 이슬람 귀족의 기호품이 되고, 아랍의 장식용

칼이나 이탈리아의 유리 제품이 신라나 일본까지 전해진 것도 모두 당나라를 통해 이루어진 것이었다.

삼국의 마지막 각축전

세계가 다시 제국의 안정을 향하고 있던 대전환의 시대에 동북아시아의 상황은 어떻게 되고 있었을까? 645년 당 태종이 고구려 원정에 실패하고 참담한 마음으로 군사를 돌렸을 때 고구려의 권력자는 연개소문이었다. 당시 당 태종의 원정을 돕는 군사를 일으켜 고구려와의 국경 지대로 보냈던 신라의 지도자는 김춘추였다. 연개소문과 김춘추는 삼국 시대 말기를 대표하는 영웅들이다. 그런데 왜 이들은 적대적인 관계를 맺었을까?

이 의문을 풀려면 당시 삼국 사이의 관계를 파악하지 않으면 안 된다. 앞에서도 나왔듯이 신라가 한강 유역을 차지하고 성왕이 전사하면서부터 나·제 동맹은 와해되고 신라와 백제는 불구대천의 원수로 대립했다. 관산성 패배의 후유증을 어느 정도 극복한 무왕(재위 600~641) 시절부터 백제의 신라에 대한 공세는 끊임없이 이어졌다. 이런 공세는 641년에 의자왕이 즉위하면서 더욱 강화되었다. 신라의 수도 금성으로 가는 길목인 대야성을 포함, 40여 개 성을 함락시키고 642년에는 신라와 당나라를 이어 주던 해상 교통의 요지 당항성을 공격했다.

이렇게 백제가 신라에 대한 공세를 강화할 수 있었던 것은 귀족들의 권력 투쟁으로 신라 내부가 상대적으로 혼들렸고, 고구려가 수·당과의 전쟁으로 남쪽 전선에 대해 신경쓸 여력이 없었기 때문이다. 귀족들의 반란을 진압한 직후 김춘추는 신라를 구하고자 고구려로 향했다. 그러나 연개소문은 신라와 백제의 대립 구도로 인한 남쪽 전선의 안정에 마음이 기울고 있었다. 그래서 죽령 이북의 옛 고구려 영토를 반환하라는 무리한 요구를 하는 한편 김춘추를 죽이려고까지 했다. 가까스로 탈출한 김춘추가 향한 곳은 왜였다. 그러나 왜는 전통적으로 백제와의 우호 관계를 더 중요하게 여기는 나라였다. 이제 그가 의지할 나라는 하나밖에 없었다. 바로 당나라였다.

신라는 당나라에 연이어 사신을 보내 고구려와 백제가 조공 길을 막고 있으니 이를 해결해 달라고 요청했다. 그리고 당 태종이 고구려 침공을 단행하자 5만 명의 군사를 고구려와의 국경 지대로 보냈던 것이다. 당 태종의 고구려 정벌이 실패하자 648년 김춘추는 작심하고 당나라를 찾았다. 꽃미남에다가 언변이 뛰어나기로 소문났던 김춘추는 당 태종의 마음을 사로잡았고 '선 백제 정벌, 후 고구려 공격'을 제안하면서 나·당 군사 동맹을 제안했다. 이와 더불어 신라의 관복까지도 당나라 방식으로 바꾸겠다면서 충성을 다하겠다는 의지를 드러냈다. 고구려 정벌의 실패로 실의에 차 있던 당 태종은 이 제안을 수락했다.

신라가 활로를 찾아 당나라를 연이어 찾아가고 있음에도 백제의 의자왕은 사태를 안이하게 생각하고 있었다. 전통적으로 백제는 고구려, 신라와의 항쟁을 유리하게 이끌려고 중국의 왕조들과는 우호적인 관계를 유지했다. 무왕 시절에는 수나라가 고구려를 정벌하면 돕겠다고 제안까지 할 정도였다. 당나라와의 우호 관계도 이상이 없다고 판단한 의자왕은 당나라가 신라와 화친하라고 권유했지만 옛 영토를 수복하는 것이라는 핑계를 대면서 완곡하게 거절했다. 당나라가 백제까지 침공하리라고는 생각하지 않았기 때문이다. 도리어 그는 당나라의 고구려에 대한 공세가 약화되자 고구려와 연합하려는 태도까지 보였다. 하지만 아직 백제와 고구려는 서로의 셈법이 맞아떨어지는 선에서 적절하게 연합하는 수준에 불과했다. 동서를 잇는 나·당 동맹은 가시화되고 있었던 반면, 남북을 잇는 여·제 동맹은 아직 구체적으로 가동되지 않았던 것이다.

백제와 고구려의 멸망

신라가 대중국 외교전에 뛰어들면서 백제는 점차 중국과 멀어질 수 있는 상황이었음에도 의자왕은 왕권 강화에 주력하면서 대외 관계를 소홀히 했다. 신라가 당나라와 군사 동맹까지 맺으며 활발하게 움직이고 있었던 데 반해, 의자왕의 관심은 귀족들에 대한 견제에만 있었다. 귀족들이 이탈하는 상황에서 중국이나 신라의 움직임에 대응할 인재가 나타나기를 바라는 것은 무리였다. 더구나 흥수나 성충 같은 충신조차 의자왕에게서 등을 돌리게 되자 백제의 앞날은 불투명할 수밖에 없었다.

660년 당나라가 백제 원정군 13만 명을 출발시켰는데도 백제 조정은 우왕좌왕하면서 갑론을박만 할 정도로 암울했다. 당나라 대군이 백강에 도착할 즈음에야 군사를 보냈지만 이미 때는 늦은 상황이었다. 신라의 5만 대군이 동쪽에서 진군해 오는 데에도 계백에게 내어 줄 병사가 5천여 명밖에 없을 정도로 백제는 내부적으로 붕괴되어 있었다. 당나라와 신라의 연합군이 사비성을 포위하기까지 백제의 대응책은 항상 한발 늦었다. 의자왕이 사비성을 버리고 웅진으로 옮겨 방어 체계를 세우려 했지만 상황을 역전시키기에는 역부족이었다. 웅진으로 옮겨 간 지 불과 10여 일만에 의자왕이 항복하면서 백제는 채 700여 년을 채우지 못하고 허망하게 멸망하고 말았다. 의자왕은 1만 3천여 명의 백제 유력자들과 함께 당나라 수도 장안으로 끌려갔고 참담한 마음에서 일어난 울화병 탓인지 얼마 되지 않아 사망하고 말았다.

왕이 항복했지만 각 지방의 성들은 건재했고, 이들은 힘을 모아 백제 부흥군을 결성했다. 왜에 머물던 왕자 부여풍을 새로운 왕으로 불러들인 복신 등의 부흥 세력은 한때 부여성 인근까지 진격할 정도로 기세를 떨치기도 했다. 하지만 663년 왜의 지원군과 함께 벌였던 백강 전투에서 패배한 후 내부 분열까지 일어나 얼마 가지 못해 소멸하고 말았다. 망국의 한을 안고 상당수의 백제인들은 왜로 건너가 새로운 삶의 터전을 찾았고 일부는 고구려 망명의 길을 택해야만 했다.

백제가 멸망하면 고구려도 위험하다는 사실을 잘 알면서도 연개소문은 왜 백제를 지원하지 못했을까? 한마디로 말하자면 당나라의 요동 방어선에 대한 지속적인 공략 때문이었다. 당 태종은 견고한 요동 방어선에 막혀 원정에 실패하자 이후 전략을 바꿔 지속적으로 요동에 있는 거점 성들을 하나씩 공격하기 시작했다. 그러다가 649년 당 태종이 사망하면서 몇 년 동안 전쟁을 멈추었다. 그동안 고구려는 백제와 연합해 신라의 변경 성들을 공략하는 등 남쪽 전선의 위협 요인을 제거하려 들었다. 신라가 고립되어 구원을 요청하자 당나라는 다시 요동 방어선 두드리기에 나섰다. 이에 고구려의 거점 성 주민들은 점차 지쳐 갔는데, 당나라가 백제 정벌을 하기 전인 598, 599년 무렵에는 공세가 더욱 거세졌다. 이런 상황에서 고구려가 군사를 돌려 백제를 지원할 여력은 거의 없었다.

막상 백제의 멸망이 현실로 되자 고구려는 더욱 고립되었다. 당나라는 백제가 사라져 신라의 지원이 가능해지자 이번에는 수도인 평양성을 직접 공격하는 전략으로 바꿨다. 661년과 662년 연달아 수군을 동원해 평양성 공략에 나섰다. 다행히 고구려는 두 번의 전쟁을 승리로 이끌며 건재함을 과시할 수 있었다. 하지만 665년 연개소문이 사망하면서부터 고구려는 외부의 적보다도 더 무서운 내분이 일어난다. 연개소문의 장남 연남생이 대막리지의 자리에 오르자 이에 불만을 품은 동생 남건과 남산이 정변을 일으켰고 연남생은 국내성을 비롯한 주변 성들을 바치며 당나라에 항복했다. 그전에는 연개소문의 동생 연정토가 신라에 투항하고 말았다. 고구려가 내분으로 혼란스러워지자 당나라는 666년 말 100만 명에 이르는 원정군을 편성해 본격적인 고구려 공략에 나섰고 신라 또한 20만 대군을 동원해 평양성으로 진격했다. 668년 나·당 연합군은 평양성을 포위했고, 1개월 정도 버티던 평양성도 마침내 함락되기에 이른다. 거목 고구려가 쓰러진 것이다. 598년 수나라의 1차 침공 이래 70여 년을 버텨 오던 고구려가 패망하자 보장왕을 비롯한 4만여 호의 유력자 가문이 당나라로 끌려갔고, 고구려 땅은 백제와 마찬가지로 당나라의 도독부로 재편되었다.

동북아시아의 재편과 당나라 천하의 파탄

648년에 당나라와 신라는 군사 동맹을 맺으면서 백제와 고구려를 멸망시키면 대동강을 경계로 평양의 남쪽은 신라, 북쪽은 당나라가 지배하기로 합의했다. 그런데 660년 나·당

연합군이 백제를 무너뜨렸을 때 당나라는 신라와의 협정을 무시하고 백제의 옛 땅에 다섯 개의 도독부를 설치했고, 663년에는 신라마저 계림 도독부라 부르며 마치 당나라의 영토인 양 행동했다. 이때부터 신라의 문무왕(재위 661~681)과 김유신은 당나라의 속셈을 간파하고 대책 마련에 나섰다. 고구려가 멸망하자 당나라는 신라와는 한마디 상의도 없이 고구려 옛 땅마저 차지했다. 당나라가 대동강 이남을 신라에 내어 줄 의사가 전혀 없다는 것을 알아차린 신라는 당나라와 함께 고구려 원정에 나서면서도 당나라를 상대로 싸울 준비를 했다. 백제 유민과 고구려 부흥군을 자기편으로 끌어들이는 한편 신라 국민들을 하나로 묶고자 세금을 줄여 주는 등의 정책을 폈다.

671년에 신라는 칼을 뽑아 당나라를 몰아내는 전쟁에 돌입했다. 당나라는 신라마저 정벌해 동북아시아에 당나라 천하를 확립하려고 했으나 이미 만반의 준비를 마친 신라군은 발 빠르게 옛 백제 땅의 당나라군을 몰아내고, 이어서 평양 이남의 옛 고구려 영토마저 차지했다. 신라의 공세에 놀란 당나라는 675년에 20만 대군을 보내 신라를 정벌하려 했으나 매소성 전투에서 대패하고 물러나야 했다. 676년에는 대규모 수군을 동원해 다시 침공했으나 이마저도 기벌포 전투에서 패배하고 말았다. 그런데 당나라는 더 이상 대규모 군사를 동원할 여력이 없었다. 토번과의 전투에서 연전연패하면서 수도 장안마저 위태로운 지경에 빠졌기 때문이다.

이것이 끝이 아니었다. 당나라는 비록 한반도에서 패퇴했지만 요동만큼은 지키려고 안간힘을 썼다. 하지만 거란족의 반란을 틈타 고구려 유민들이 대중상, 대조영 부자의 지도 아래 들고일어나면서 당나라의 정책은 파탄나기 시작했다. 대조영은 고구려가 멸망한 지 30여 년 만인 698년 진국(뒤에는 발해로 국호를 변경함)을 세워 요동 지역까지 포함하는 고구려 옛 땅을 차지했다. 발해가 신라와 더불어 남북국 시대를 열게 되자 동북아시아마저 수중에 넣어 천하 통일을 이루려던 당나라의 야심은 좌절되었다. 동북아시아의 진정한 주인은 예맥족이라는 사실이 만천하에 증명된 셈이다.

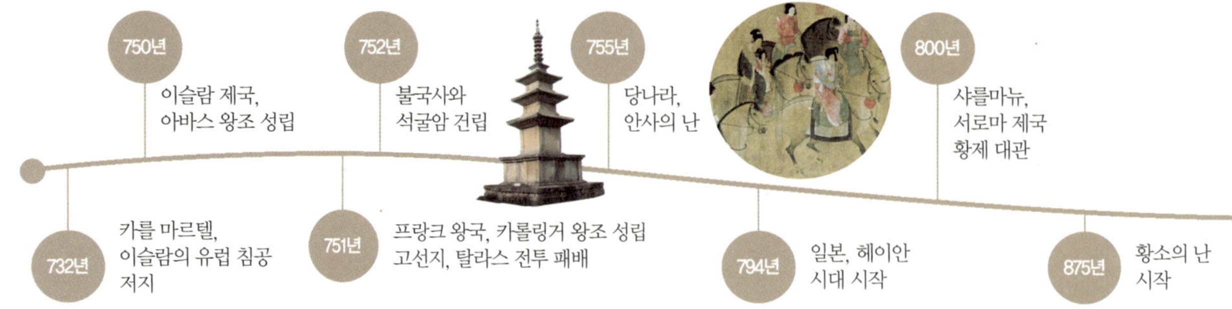

분열과 융합의 세계와 한국 중세사

융합의 실크로드 시대와 남북국

698년~936년

활짝 열린 실크로드 시대

분열되었던 역사가 한 차례 순환을 마쳤다. 한나라, 페르시아, 로마 등이 지역의 헤게모니를 장악했던 제국의 시대가 유목민의 대이동으로 막을 내린 후, 수백 년 만에 제국의 시대가 다시 열렸다. 동아시아에서는 당 제국, 서아시아에서는 이슬람 제국, 유럽에서는 프랑크 왕국과 비잔티움 제국이 새로운 세계의 주역으로 떠올랐다.

이 가운데 가장 괄목할 성장을 이룬 것은 이슬람 제국이었다. 632년 무함마드가 죽으면서 새로운 후계자가 된 무함마드의 장인 아부바르크는 선지적 예언자인 칼리프로 불리며 칼리프 시대를 열었다. 칼리프 시대에 이슬람 세력은 동서남북으로 정복 전쟁을 벌였고, 6대 칼리프 무아위야 시대에는 칼리프 지위를 세습하는 옴미아드 왕조(661~750)를 열어 제국의 반열로 올라섰다. 옴미아드 왕조 시대에 이슬람 제국은 서쪽으로는 스페인을 장악해 유럽 진출을 시도했고, 동쪽으로는 파미르 고원에 이르러 당나라와 대치했다. 프랑크 왕국의 카를 마르텔이 투르-푸아티에 전투(732년)에서 승리하지 못했다면 유럽은 이슬람의 텃밭이 되었을지도 모른다. 당나라에 귀화한 고구려인의 후손 고선지와 벌인

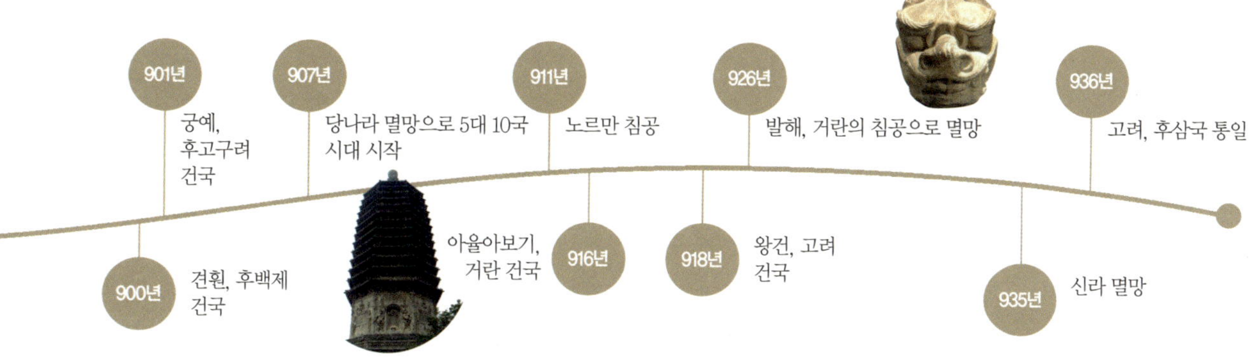

탈라스 전투(751년)에서 승리한 이슬람은 실크로드의 교역 중심지를 차지했다. 이슬람 제국은 아랍 인에 대한 지나친 우대 정책으로 아바스 왕조(750~1258)로 왕조 교체가 일어났지만 맹렬한 기세로 일어나 대제국의 시대를 열었다.

이에 반해 서유럽의 맹주 프랑크 왕국은 전성기를 연 샤를마뉴 대제 이후 분할 상속의 전통에 따라 삼분되면서 세력이 상당히 약화되어 이슬람의 공세를 막을 여력이 없었다. 그럼에도 유럽을 지켜 낸 숨은 공로자는 비잔티움 제국이었다. 비잔티움 제국은 이슬람의 공세로 소아시아 반도의 영토 상당수를 잃었지만 끈질기게 수도 콘스탄티노플을 지켜 내는 데 성공했다. 비잔티움 제국이 유럽의 방파제로 활약하지 않았다면 유럽은 8세기에 이미 이슬람 제국에 넘어갔을 가능성이 높다.

당나라는 7세기 중반 태종 시대부터 8세기 후반 현종 시대까지 130여 년 동안 전성기를 누렸다. '정관의 치세'라 불리던 태종의 시대와 '개원의 성세'라 부리던 현종의 시대까지 당나라는 주변 이민족을 제압하고 실크로드 교역으로 얻어 낸 부를 통해 세계 제국의 면모를 과시했다. 정치·제도적 안정과 경제적 풍요를 바탕으로 다양한 문화까지 포용한 당나라의 위용은 역대 중국 왕조 가운데 가장 빛나는 것이었다.

이처럼 7세기 후반부터 시작된 대통일의 시대는 이후 100여 년 정도 지속되었다. 8세기 후반까지 이슬람 제국과 당 제국 그리고 프랑크 왕국과 비잔티움 제국은 각 지역의 맹주로 자리 잡고 국제적 교류 관계를 맺으면서 다양한 문물을 주고받았다.

제국의 시대가 다시 열리면서 동서 제국을 연결하는 교역로가 주목을 받게 되는 것은 필연이었다. 북쪽 끝에는 초원의 길, 남쪽에는 바다의 길이 있었지만, 가장 주요한 교통로는 '실크로드'라 불리는 사막의 길이었다. 중국의 비단이 서쪽으로 수출되던 길이라고 해서 '실크로드'라고 불리지만, 이 길은 기원전부터 종교와 문화, 예술이 넘나드는 문명 교류의 길이기도 했다. 실크로드를 처음 개척한 사람은 한 무제(재위 기원전 141~87)이며, 한동안 잊혔던 실크로드를 다시 연 사람은 당 태종(재위 626~649)이었다. 그러나 한나라 이후 당나라까지 약 500년 동안 지속된 분열의 시대에도 12,000킬로미터에 이르는 실크로드에서는 불안정하나마 동서 간의 교류가 끊임없이 이어졌다. 이슬람 제국과 당나라가 다문화적인 요소를 지니게 된 것은 이 길을 통해 이루어진 교류의 결과였다.

동방의 비단과 도자기 등은 이슬람 제국은 물론 유럽의 왕족이나 영주들이 가장 갖고 싶어 하는 물품이었고, 유리병과 페르시아 융단, 장식 칼 등은 동방의 당나라, 신라와 발해 그리고 일본의 귀족에게 최고의 인기를 누렸다. 실크로드와 초원의 길, 바닷길은 오가는 상인들로 북적였고, 당나라의 수도 장안이나 이슬람 제국의 수도 바그다드는 인구 100만에 육박하는 거대 도시로 성장했다. 동서 어느 곳의 수도에 가더라도 이국적인 상인들의 모습이 눈에 띄었다.

동북아시아에 남북국이 나란히 서다

실크로드가 활짝 열리기 시작하던 7세기 말 동북아시아에도 새로운 국제 질서가 형성되었다. 만주 지역에서는 발해가 등장해 옛 고구려 영토를 차지하고, 신라는 대동강 이남의 영토를 통일하면서 본격적인 남북국 시대가 열렸다. 이 무렵 일본의 야마토 정권은 천황 중심의 강력한 중앙 집권 정책을 펼치면서 동북아시아 세력 균형의 또 다른 축으로서 작용했다.

8세기 초반까지 이들 세 나라는 각각 당나라와 일정하게 갈등 반목하기도 하고 교류도 하는 등 밀고 당기는 국제 관계를 맺고 있었다. 그러나 8세기 중반 이후에는 당나라와 조공·책봉 관계를 맺어 당나라 중심의 평화적 국제 질서에 동참했다. 또한 세 나라는 모두 당나라의 율령 체제를 받아들여 중앙 집권적 국가 체제를 정비하기도 했다. 새로운 국제 질서가 정착되고 중앙 집권화가 이루어지면서 동아시아 사회는 본격적인 중세 시대로 접어들게 되었다. 그리고 당나라와 동북아시아 3국 사이에는 정치·외교적 교류보다는 경제·문화적 교류가 우위를 차지하게 된다. 실크로드를 통한 국제 교류의 흐름이 동북아시아까지 확장된 것이다.

7세기 후반부터 동북아시아 3국의 국제 관계에서 신라가 주도적 역할을 맡게 된 것은 당연한 일이었다. 당나라군을 물리치고 대동강과 원산만을 잇는 한반도 지역을 통일한 신라는 발 빠르게 9주 5소경 제도*를 도입해 통일된 국가 체제를 정비했다. 또한 당나라의 관제나 율령, 과거 제도 등을 도입해서 왕권을 강화하고 중앙 집권의 발판을 마련했다. 이렇게 해서 문무왕부터 경덕왕(재위 742~765)까지 약 100여 년 동안 신라는 황금기를 누리게 되었다. 평화와 안정이 찾아오자 신라는 당나라는 물론 발해, 일본 등과도 활발하게 교류했는데, 신라의 금이나 철 세공 제품 등은 최고의 인기를 누렸다. 이런 기술의 밑바탕에는 불국토를 꿈꾸며 불교문화를 꽃피운 신라인의 장인 정신이 있었다.

발해는 건국 이후 무왕(재위 719~737) 시절까지 당나라와 한편으로는 갈등하면서 한편으로는 화해도 하는 긴장 관계에 있었다. 무왕 시절에는 당이 흑수 말갈을 포섭해 발해를 견제하려고 하자 산둥 반도의 등주를 선제공격하기도 했다. 그러나 문왕(재위 737~793) 시대에 오면 당나라와 적극적으로 교류를 추진하는 한편 국가 체제의 정비와 왕권 강화에 주력함으로써 고구려에 이어 동북아시아의 맹주를 자처하기에 이른다. 광대한 영토를 다스리기 위해 지방 행정 조직을 정비하고 당의 3성 6부 제도*와 율령 체계를 도입해 관료제와 중앙 집권화를 추진했다. 이런 국력을 바탕으로 발해는 신라나 일본은 물론 북방 유목 민족과의 대외 교류도 적극적으로 추진했다. 발해는 문왕 사후 25년 동안 잠시 내분으로 흔들렸으나 선왕(재위 818~830) 시대에는 고구려보다도 넓은 영토를 차지하고 5경 15부*를 설치하는 한편, 대외 교류에도 적극 나서는 등 전성기를 누렸다. 이 시기 발해가 얼마나 융성했는지 당나라에서는 '해동성국'이라 부를 정도였다.

일본은 4세기에 야마토 정권이 들어섰으나 지배 영역은 규슈 지역에 한정되어 있었다. 야마토 정권은 백제와 교류하면서 선진 문물을 받아들이고 성장했다. 7세기 초에는 백제계인 소가씨와 연합해 쇼토쿠 태자가 중앙 집권화를 추진할 정도로 강성했는데, 7세기 중엽에는 소가씨마저 밀어내고 천왕 중심의 '다이카 개신'을 단행해 명실상부한 국가 체제를 이루었다. 당나라의 율령 체제를 받아들이고 행정 조직까지 정비한 야마토 정권은 8세기 초에는 나라에, 9세기 초에는 교토에 각각 계획도시를 건설해 수도로 삼았는데, 이 시기를 각각 나라 시대와 헤이안 시대라 부른다. 나라 시대부터 일본은 신라와 발해 그리고 당나라와 활발하게 교류하면서 귀족 중심의 문화를 발달시켜 동북아시아의 또다른 주역으로 떠오르게 된다.

다시 흔들리는 천하와 후삼국 시대

7세기 후반부터 실크로드를 오가며 활발한 교역이 이루어진 배경은 동서 양 지역에 중심축이 되는 제국들이 자리 잡고 있어서였다. 그러나 역사의 진행이 항상 그러하듯이 제국의 시대는 100여 년이 흐르자 다시 분열의 파열음이 나기 시작했다. 이 균열이 처음으로 시작된 곳은 이슬람 제국이었지만 가장 먼저 제국의 시대를 마감한 곳은 당나라였다.

맹렬한 기세로 타올랐던 이슬람의 기세는 옴미아드 왕조에서 아바스 왕조로 교체가 일어나던 시점부터 한풀 꺾이기 시작했다. 8세기 중반 아바스 왕조의 등장에 맞서 에스

봉건제와 장원제

동양에서의 봉건제는 중앙 정부의 왕인 천자가 제후들에게 각 지역의 영지를 나누어 주고 제후는 영지의 세금을 거두어 다스리는 한편, 천자에게 조공을 바치고 군사를 제공하던 제도를 말한다. 이런 왕과 제후의 관계는 다시 제후와 그 신하인 경, 대부의 관계에도 동일하게 적용되었다. 서양에서도 이와 비슷하게 왕이 영주에게 영지를 제공하고 그에 따른 군사적 지원이나 충성을 요구한 제도였다. 이런 상호 관계는 영주와 기사, 영주와 농민, 기사와 농민 사이에도 적용되었다.
장원제는 서양의 봉건제에서 발생한 독특한 토지 제도를 말한다. 영주는 왕에게 받은 영지를 자신의 성을 중심으로 직영지와 경작지, 목초지 등으로 나누어 농민들에게 노역을 시켰는데, 이런 영지를 장원이라 한다. 농민은 다시 자유 소작인과 농노로 분류되는데, 자유 소작인은 자신의 토지를 보유하거나 영주에게서 임대해 소작료를 지불하는 경우로 신분적 자유를 갖고 있었던 반면, 농노는 영주에게 예속되어 각종 노역을 맡았다.

파냐로 도망간 옴미아드 왕조의 후손이 후옴미아드 왕조로 독립하면서부터 아프리카 지역을 비롯해 곳곳에서 독립 왕조가 들어섰다. 이런 분열의 흐름은 10세기 중반까지 이어졌는데, 역설적이게도 이 분열을 통해 이슬람교는 도리어 각 지역에서 확산되고 심화되었다. 예를 들어 아프가니스탄 지역에서 독립한 가즈니 왕국이 북인도 지역을 장악하면서 이슬람교는 북인도 전역으로 확대되어 세력을 더욱 불린다. 그리고 이슬람 제국의 분열은 아바스 왕조의 정통성을 인정하는 선에서 타협되어 유지되었다.

반면 서유럽의 프랑크 왕국에서 일어난 분열은 이민족의 침입과 어울려 깊은 상처를 남겼다. 게르만 족의 분할 상속으로 삼분되고 이슬람 제국의 공세로 위축된 프랑크 왕국을 더욱 괴롭게 만든 것은 동쪽에서 침입한 마자르 족과 북쪽에서 내려온 바이킹이었다. 이 가운데 북쪽 사람이란 의미에서 노르만이라고도 불리는 바이킹 족은 원래 게르만 족의 일파로 무역을 통해 생활하던 해양 민족이었다. 그런데 기후 변화로 추위가 닥쳐서 그랬는지 정확한 원인을 알 수 없지만 9세기부터 본격적으로 영국이나 프랑스 해안 지역으로 침입해 약탈을 시작했다.

날렵한 배와 잔혹한 전사들로 구성된 바이킹은 점차 영국과 프랑스 해안 지역에 근거지까지 마련해 본격적인 침략 전쟁을 벌였다. 독일이나 러시아 등의 내륙에는 강을 타고 들어갔고, 바다로는 지중해의 시칠리아까지 당도했다. 프랑스의 노르망디 공국, 영국의 노르만 왕조, 지중해의 시칠리아 왕국, 러시아의 노브고로드 왕국 등은 이들이 정복지에 정착하면서 만든 나라들이었다. 바이킹의 침입으로 더욱 약화된 프랑크 왕국은 점차 지방 영주를 중심으로 지방 분권의 시대를 열었다. 서양의 중세를 대표하는 봉건제*와 장원제*가 본격적으로 정착된 배경도 이런 지방 영주의 독자 세력화 때문이었다.

아이러니한 것은 비잔티움 제국만은 이런 분열의 흐름 속에 빠져들지 않았다는 점이다. 이슬람 세력의 공세를 막아 내면서 비잔티움 제국은 내적으로 단결할 수밖에 없었고, 그로 인해 왕권은 도리어 안정될 수 있었기 때문이다. 실상 프랑크 왕국이 이슬람의 공세를 막아 내기에는 역부족이었음도 버틸 수 있었던 것은 비잔티움 제국이 있었기 때문이다.

동방의 강자이자 세계 제국의 힘을 과시하던 당나라 역시 최대 번성기를 이룩한 당 현종 시대에 안녹산과 사사명의 난이 일어나면서 쇠퇴의 길로 접어들었다. 755년에 시작된 안사의 난으로 전국은 혼란 속으로 빠졌고, 이후 당나라는 지방관이면서 병권까지 쥔 절도사들이 곳곳에 할거하면서 중앙의 통제력을 상실해 갔다. 그러다가 875년에 소금 밀매업자 황소가 9년여에 걸친 난을 일으키면서 당나라는 결정적으로 휘청거리기 시작했다. 이 틈을 타 절도사들은 세력을 더욱 강화했고, 황소의 난을 토벌한 절도사 주전충에게

907년 멸망하기에 이른다.

　이로써 중국은 가장 먼저 통일 제국이 무너지고 다섯 왕조와 10개의 나라가 서로 다투는 5대 10국*의 시대로 접어들었다. 당나라의 위기와 몰락은 당나라와 긴밀하게 연결돼 있던 주변국들에도 영향을 미쳤다. 주변에 대한 당나라의 견제가 약화되자 북방의 유목 민족 거란(요나라)*이 새로운 강자로 떠올랐다. 그런데 이 시기에 남북국으로 번영과 평화를 누리던 발해와 신라의 내부 사정은 그리 편치 않은 편이었다. 평화로운 시대가 되자 귀족들의 사치와 향락으로 민생이 파탄되었고 왕권을 둘러싼 권력 투쟁으로 몸살을 앓았기 때문이다.

　신라는 9세기 초부터 안으로부터 곪아 들어가기 시작했고, 곳곳에서 농민 반란이 이어졌다. 중앙 통제력이 약화되자 지방의 권력자로 등장한 호족 세력은 독자적인 군대까지 갖추고 신라를 뒤흔들었으며 10세기 초가 되면 독자적인 국가로 독립하기에 이른다. 지방 호족으로 옛 백제 지역을 평정한 견훤은 900년 후백제를 건국했고 신라 왕실의 후예였던 궁예 또한 901년에 신라의 중북부 지역을 장악하고 후고구려를 세웠다. 남북국 시대가 무너지고 후고구려(고려), 후백제, 신라가 각축하는 후삼국 시대로 들어간 것이다.

　발해는 거란*이 성장할 무렵 이에 맞서 내적 정비를 하려 했지만 이미 대세는 기울어져 있었다. 귀족들의 내분에다가 민심마저 이탈하면서 발해는 926년 거란의 침공에 힘 한 번 써 보지 못한 채 순식간에 멸망하고 말았다. 발해가 멸망할 즈음 후삼국의 각축은 점차 고려와 후백제의 싸움으로 압축되었다. 궁예의 무리한 중앙 집권 정책과 독단적 정치 운영에 반발한 호족 세력을 이끌고 쿠데타를 일으킨 왕건은 국호를 고려로 바꾼 다음, 호족 세력을 아우르면서 후백제에 맞서고 있었다. 그런데 군사적으로는 한때 고려를 압도하기도 했으나 후계 문제로 견훤의 아들들이 쿠데타를 일으키면서 후백제는 스스로 무너지기 시작했다. 아들들의 쿠데타에 분노한 견훤은 곧바로 고려에 투항했고, 고려와 후백제 사이의 저울추는 급격하게 고려로 기울었다. 같은 해에 한반도 동남부에서 겨우 명맥만 유지하던 신라 또한 대세가 고려로 기울었음을 깨닫고 스스로 항복했다. 936년 후백제와의 마지막 일전에서 승리한 고려는 후삼국을 통일하기에 이른다. 이렇게 40여 년 동안 분열과 전쟁으로 흔들리던 한반도는 새 왕조 고려를 통해 다시 재정비하는 시간을 맞이한다.

5대 10국

5대 10국은 중국 역사에서 당나라가 멸망한 907년부터 송나라가 건립된 960년까지 황하 유역을 중심으로 화북을 통치했던 5개의 왕조(5대)와 곳곳에 등장한 여러 지방 정권(10국)을 말한다. 5대는 당나라를 이은 후량, 후당, 후진, 후한, 후주이며 10국은 오월, 민, 형남, 초, 오, 남당, 남한, 북한, 전촉, 후촉이다. 이들 나라들은 대다수가 당나라 시절 절도사 세력이 독립해 세운 나라들인데, 1~2대 만에 멸망하는 경우가 많았다. 후주 역시 3대 만에 멸망하고 조광윤의 송나라가 중국을 다시 통일하면서 5대 10국 시대는 끝나게 된다.

거란(요나라)

거란은 5세기 무렵부터 중국의 북방인 내몽골 지역에 본격적으로 자리 잡은 몽골 계와 퉁구스 계의 혼혈 부족으로 시라무렌 강을 중심으로 유목 생활을 했다. 광개토대왕 시절인 392년에 거란을 공략했다는 기록이 나오는 것으로 보면, 이들은 5세기 이전부터 고구려의 동북방에 출몰했던 것으로 보인다. 7세기에는 당나라에 복속되어 고구려 정벌에 앞장서기도 했다. 이후 당나라의 힘이 약화되면서 점차 독자적인 힘을 키운 거란은 916년에 야율아보기가 거란국을 건국하고 중국의 북방 지역을 장악했으며, 926년에는 발해를 멸망시켰다. 936년에는 국호를 요로 바꾸고 송나라를 압박하는 등 세력을 과시했으나 여진족이 일어나면서 점차 힘이 약화되어 1125년 금나라(여진)와 송나라의 연합군에게 멸망했다.

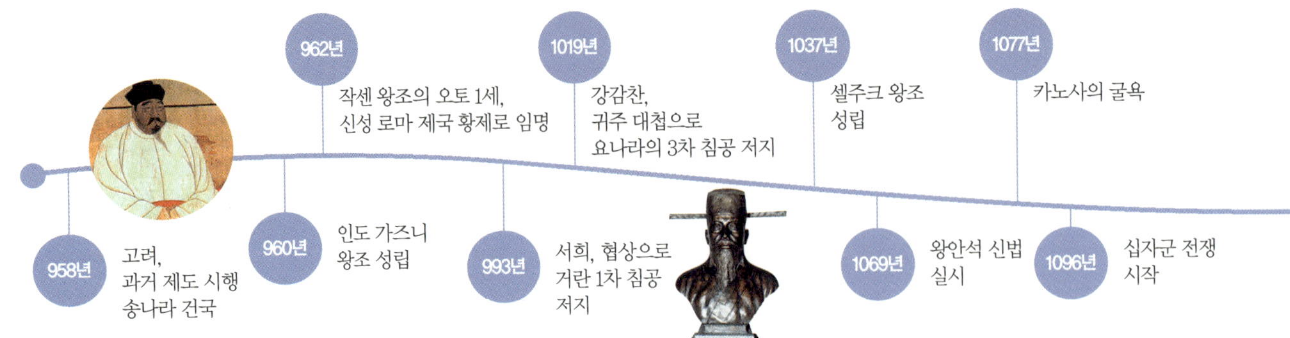

분열과 융합의 세계와 한국 중세사

대분열의 시대와 고려의 성장

분열과 충돌의 시대로 들어서다

10세기 들어서도 동서에서 일어난 분열의 흐름은 지속되었다. 유럽은 노르만의 침입으로 혼란을 겪으면서 여러 왕국으로 분열되거나 지방 영주들에 의해 작은 단위의 성으로 존속되었고, 이슬람 제국의 아바스 왕조는 명목만 유지하면서 독립 왕조의 성장에 따른 분열과 왕조 교체를 반복했다. 중국 역시 5대 10국의 혼란에서 벗어나지 못했다. 다시 대분열의 시대가 찾아온 것이다. 이 대분열은 고대 제국이 멸망하면서 야만과 혼란으로 가득 찼던 시대의 대분열과는 다른 양상으로 전개되었다. 분열과 충돌이 끊이지 않았지만 각 지역에는 명목상이라도 제국이 버티고 있었고 동서의 교류는 지속되었다.

이슬람 제국의 아바스 왕조는 아랍 인 출신으로서 칼리프의 지위에 있었지만, 945년에는 페르시아 계 시아파인 부와이흐 가문이 바그다드를 점령하고 실권을 장악했다. 그러다가 다시 1055년에는 튀르크 계인 셀주크 왕조가 부와이흐 가문을 물리치고 권력을 장악했다. 셀주크 왕조의 말리크 샤 1세는 칼리프로부터 이슬람 세계의 현실 지배자를 의미하는 술탄이라는 칭호를 받으며 이슬람 세계의 세 번째 주역으로 등장했다.

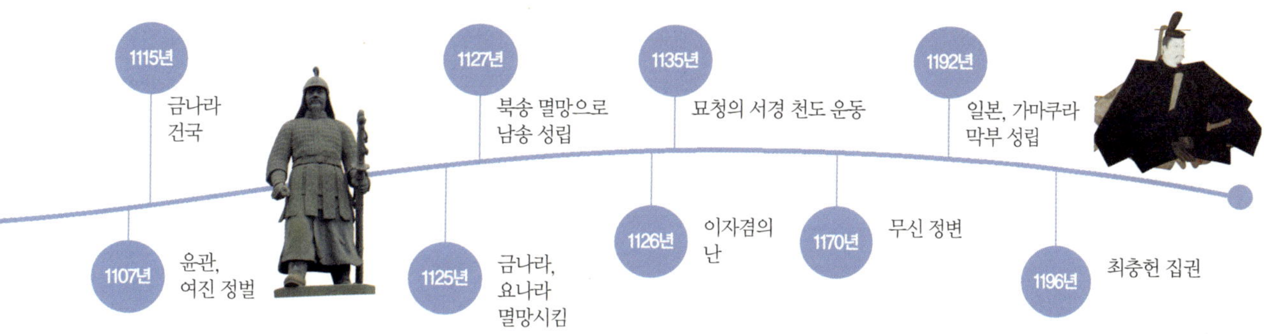

중국의 동북방에 있다가 중앙아시아 지역으로 이동했던 몽골 계 유목 민족인 튀르크가 이슬람 세계를 장악한 것이다. 튀르크를 포함해 백인 용병 집단을 맘루크라고 부르는데, 이들은 이슬람 제국이 독립 왕조로 분열할 때 주역으로 활동했다. 이집트의 맘루크 왕조나 아프가니스탄과 북인도 지역의 가즈니·고르 왕조 그리고 소아시아 지역을 장악한 셀주크 왕조는 모두 이들이 세운 나라들이었다. 이처럼 이슬람 세계는 분열과 왕조 교체를 반복했지만 그 중심에는 명목상일지라도 칼리프가 있었다.

이런 사정은 유럽도 마찬가지였다. 프랑크 왕국의 분열과 노르만으로 침략으로 곳곳에 독립 왕국들이 들어섰지만 정신적 지도자로서의 교황과 세속적 명분을 지닌 신성 로마 제국의 황제가 중심으로서의 역할을 맡고 있었다. 그런데 프랑크 왕국의 분열과 쇠퇴로 독일 지역의 작센 왕조가 신성 로마 제국의 황제를 이어갈 무렵에는 유럽을 실질적으로 이끌어 가게 된 것은 교황이었다. 로마 교황은 한때 신성 로마 제국의 황제 하인리히 4세와 성직자 임명권을 놓고 다투면서 '카노사의 굴욕'* 이라 불리는 수모를 황제에게 주기도 했다. 왜냐하면 주교나 대주교 등 가톨릭 고위 성직자들은 현실 세계에서는 영주나 귀족으로서 권력을 행사했기 때문에 누가 그 임명권을 갖느냐는 문제는 유럽 세계의 지배권과 관계가 있었다.

11세기 말 교황과 황제의 다툼을 그치게 만든 사건이 일어났는데, 그것이 바로 십자군 전쟁이었다. 1096년 교황 우르바누스 2세가 각국의 왕이나 제후, 기사, 일반 민중 들에게 호소했던 십자군 전쟁의 공식적인 명목은 성지인 예루살렘을 이교도로부터 탈환하자는 것이었다. 그러나 그 속사정은 전혀 다른 것이었다. 교황은 황제와의 다툼에서 우위를 차지하려고 십자군 원정을 제안했다. 그런데 황제나 왕, 제후나 기사, 민중 들이 이에 호응한 것은 여러 가지 다른 사정 때문이었다. 황제나 왕, 제후 들은 처음에는 자신의 권력 강화를 위해 곳곳의 영지에서 깡패처럼 군림하는 기사들을 처리하는 한편, 새로운 영지를 확보하고자 전쟁에 참여했다. 기사나 일반 민중 들은 '젖과 꿀이 흐르는 가나안'의 풍요에 현혹되어 한몫을 차지할 욕심으로 참여했다. 이렇게 서로 다른 속셈으로 시작한 전쟁이었기에 그 정당성은 애초부터 실종되었고 초기부터 약탈과 학살로 일관했다. 심지어 비잔티움 제국이나 같은 가톨릭 국가에 대한 공격까지 자행되기도 했다. 십자군은 초기에 예루살렘을 탈환하기도 했지만 이슬람 제국의 주역인 셀주크 왕조가 공세를 취하면서 전쟁은 지루하게 이어져 갔다.

십자군 전쟁으로 유럽은 이슬람 세계가 지니고 있던 각종 기술과 문물을 가져갈 수 있었고, 지중해의 상업과 무역이 활성화되면서 점차 발전과 변화의 계기를 마련했다. 이슬람 세계가 보존했던 그리스·로마 문화가 유럽으로 유입되었고 항해술과 화약 제조, 인쇄술 등의 기술 도입으로 봉건적인 유럽 세계의 변화가 시작될 수 있었다. 반면 이슬람 세계는 이 전쟁으로 수많은 인명 피해와 문명 파괴가 일어나 깊은 상처를 입고 쇠퇴의 길로 들어가는 계기가 되었다. 200여 년에 걸쳐 지속된 십자군 전쟁은 이슬람 세계로서는 일종의 재앙이었다. 오늘날까지도 이어지는 기독교와 이슬람의 종교 갈등 또한 십자군 전쟁에서 시작되었다고 말할 수 있다.

907년 당나라가 사라지면서 시작된 5대 10국의 각축은 70여 년 동안 지속되었다. 송나라가 등장해 다시 중국을 통일한 것은 979년이었다. 그런데 중국의 혼란을 틈타 일어난 요나라는 이미 북방의 강자로서 군림하고 있었다. 송나라는 요나라의 위협에 대항하려고 군사를 일으키기도 했지만 도리어 패배를 거듭했다. 이렇게 되자 11세기 초에 요나라는 군사를 이끌고 송을 압박해 형제 관계를 강요하고 각종 물자를 받는 조건에서 타협했다. 요나라가 송나라를 멸망시킬 정도의 역량은 없었기 때문이다. 이렇게 요나라와 송나라가 서로 불안정한 평화 상태를 유지하고 있을 때 한발 앞서 통일을 이룬 고려는 등거리 외교와 활발한 대외 무역을 펼치면서 요나라와 송나라의 세력 균형을 조정하는 역할을 담당했다.

12세기 초반 요나라와 송나라의 불안한 동거를 무너뜨리는 또 다른 이민족이 등장했으니 바로 여진족이었다. 만주 동북방과 한반도 동북 지역에 살던 여진족은 오랜 역사를 가진 부족으로 말갈이라고도 불렀다. 말갈은 고구려와 발해에 속하기도 하고 거란에 종속되기도 했다. 그리고 고려를 부모의 나라라고 부르면서 무역 관계를 맺기도 했다. 그런데 1115년 완옌 부의 아쿠타가 부족을 통일해 금나라를 세우고, 1125년에는 송나라와 연합해 요나라를 멸망시키면서 동아시아의 최강자로 떠올랐다. 이어서 1127년에는 송나라의 수도 개봉을 함락시키고 황제까지 사로잡았다. 이 사건을 '정강의 변'이라 부르는데,

송나라는 금나라와 군신 관계를 맺는 치욕을 당하면서 부득이하게 수도를 장강 이남의 임안(지금의 항저우)으로 옮겨 명맥을 이었다. 임안 시대의 송나라를 남송, 이전을 북송이라 부른다.

고려가 문벌 귀족 사회로 성장하다

중국이 한창 5대 10국으로 혼란스런 시기이던 936년 고려는 후삼국 통일의 대업을 이루고 통일 국가의 기틀을 닦아 나갔다. 그 이전인 926년 거란이 발해를 멸망시키자 고려는 거란을 경계하며 북중국 5대 왕조와의 교류를 강화했다. 특히 태조 왕건(재위 918~943)은 거란의 사신을 억류하는 등 적대적인 태도를 취했다. 왕건의 이런 태도에는 그가 취한 정책과 관련이 있었다. 태조는 이제 막 출범한 고려의 내적인 안정을 위해 호족들과 혼인 정책을 펴는 한편, 대외적으로는 폐허와 다름없던 평양을 서경으로 격상시키면서 북진 정책을 추진했다. 고려가 고구려를 계승했다는 것을 널리 선언한 것이다. 특히 태조의 아들이자 4대 왕으로 즉위한 광종(재위 949~975) 대에 가서는 5대의 마지막 왕조인 후주로부터 과거 제도와 관복 제도를 받아들이기도 했다. 물론 내적으로는 호족 세력을 견제하고 왕권을 강화하려는 의도에서였다.

송나라가 다시 중국을 통일할 무렵 고려는 이미 안정된 통일 왕조로 발돋움해 새로운 국제 질서에 당당하게 대응할 수 있었고 송나라와도 적극적인 외교 관계를 맺었다. 고려는 광종 시대의 왕권 강화에 힘입어 성종(재위 981~997) 시대에는 각종 제도의 정비를 이룰 수 있었다. 중앙 관제를 정비해 2성 6부 체제를 완성했고 지방 행정 조직으로 12목을 설치해 그 밑에 군·현을 두었다. 이로써 지방의 호족들은 모두 지방관을 보좌하는 향리로 지위가 낮아졌다. 물론 과거 제도를 시행하면서 대다수 호족의 자제들은 관리로 등용되었고 유력한 호족들은

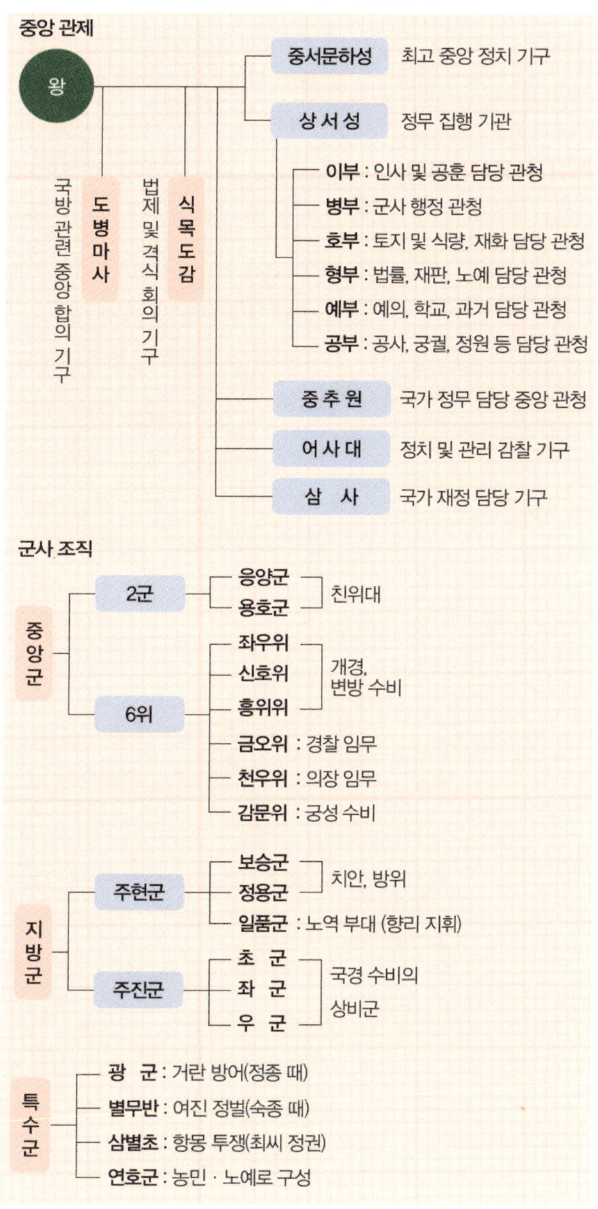

본관 제도*를 통해 문벌 귀족으로 성장할 수 있었다. 문벌 귀족이란 각 지역에 자리 잡고 대농장을 경영하면서 중앙의 정치까지 좌지우지하던 유력 가문을 말한다. 이들 문벌 귀족은 중앙 관직은 물론 지방 행정 조직까지 장악하면서 고려 사회의 지배층으로 대두했다. 물론 형식적으로는 왕이 절대 권력을 갖고 있었지만 실질적으로는 왕과 문벌 귀족이 합의해 다스리는 형태였던 것이다.

고려가 정치적 안정을 취하면서 수도 개경에서 가까운 예성강 하구의 벽란도는 송나라뿐만 아니라 아라비아 상인까지 드나드는 국제 항구로 성황을 이루었다. 활발한 대외 교역과 더불어 고려는 세 차례에 걸친 거란의 침공을 막아 낸 이후 외교 정책에서도 현실적인 노선을 취했다. 성종부터 현종에 이르는 시기까지 3차에 걸쳐 거란은 송나라를 침공하기에 앞서 후방의 안정을 도모하려고 고려를 침공했다. 그러나 고려는 이를 모두 자력으로 막아 내는 한편 요나라의 요구대로 그들과도 조공·책봉 관계를 맺었다. 송나라는 요나라의 군사적 위협에 대비해 고려의 정치적·군사적 지원을 바랐지만, 고려는 국제 정세를 냉철히 관찰하며 군사적 개입을 회피하는 중립적 태도를 유지했다. 이렇게 능수능란한 대외 관계로 동북아시아의 세력 균형을 유지하며 스스로의 융성을 꾀하는 것, 그것이 고려의 진정한 힘이었다.

금나라의 등장과 더불어 고려 사회가 흔들리다

여진은 요나라가 발해를 멸망시키면서 거란에 종속되었는데, 그중 함경도 지역의 여진은 고려와 교역하면서 생활을 꾸려 나갔다. 그래서 이들은 고려에 충성하기도 했지만, 때로는 고려의 변방을 약탈하기도 했다. 고려가 많은 인력과 경비를 들여 천리장성을 쌓은 것은 거란뿐 아니라 여진에 대한 대비책이기도 했다. 그런데 11세기 후반부터 요나라에 왕권을 둘러싼 내분이 일어나고 요나라의 지배력이 약화되자 완옌 부가 일어나 고려에 종속되어 있던 함경도 지역 여진 부족까지 정벌하면서 고려와의 군사적 긴장이 높아졌다. 숙종 시절 고려는 여진 정벌에 나섰다가 실패했으나, 예종 시절이던 1107년에는 윤관이 여진 토벌에 나서 승리하고 함흥평야 일대에 9성을 쌓았다.

여진은 놀라운 기세로 대약진해 1125년에는 송나라와 손을 잡고 요나라를 멸망시키고 2년 뒤에는 송나라마저 강남으로 밀어내 동아시아 제1 강국으로 우뚝 섰다. 이제 고려는 요나라와 송나라의 세력 균형을 이용하던 때와 달리 금나라의 강력한 압박과 마주하게 되었다. 그런데 이 무렵 고려에서는 왕실과 문벌 귀족 사이에 내분과 갈등이 일어나 혼란이 시작되고 있었다.

혼란의 출발은 이자겸의 난으로 대표되는 문벌 귀족의 전횡이 일어나면서였다. 이자

겸이 속했던 인주 이씨 가문은 문종(재위 1046~1083)부터 인종(재위 1122~1146)에 이르는 7대에 걸쳐 10명의 왕비를 배출한 강력한 문벌 귀족이었다. 이자겸은 인종의 아버지인 예종에게 자신의 딸을 바쳐 왕비로 앉히고 인종에게는 다시 두 딸을 바쳐 왕비로 삼았다. 인종에게 이자겸은 외할아버지이자 장인이었으니 그 위세가 어떠했을지는 뻔했다. 이렇게 권력을 차지하자 이자겸은 왕위까지 넘보게 되었다. 인종은 겨우 이자겸을 제거하고 나서 문벌 귀족들을 견제하려고 서경 천도를 추진했다. 하지만 이 일도 문벌 귀족들의 반대로 무산되자 1135년 이번에는 서경 천도를 주장했던 묘청과 신진 관료 세력이 난을 일으켰다. 묘청의 난은 내적으로는 문벌 귀족에 의한 관직과 토지 등의 독점 그리고 외적으로는 금나라에 대한 사대가 빚어 낸 사건이었다. 김부식이 묘청의 난을 평정했으나 여전히 권력은 문벌 가문의 수중에서 벗어나지 못하고 있었다.

그러다가 1170년에 무신 정변이 일어나면서 문신 중심의 문벌 귀족 사회는 그 모순을 극복하지 못하고 흔들렸다. 그렇다고 무신 정변으로 고려 사회가 개편된 것은 아니었다. 무신 정변의 원인 또한 문신 중심의 관직 독점과 무신에 대한 천대에 있었지만, 무신 정권이 소수의 권력 독점 현상을 해결한 것은 아니기 때문이다. 이후 무신 정권의 잦은 교체와 민란까지 겹쳐 고려 사회는 심각한 위기 상황을 맞았다. 12세기 말 최충헌 독재 정권이 등장해서야 고려는 겨우 안정을 되찾을 수 있었다.

북방에서는 금나라가 일어나 성장하고 있을 때 고려 사회는 내부 갈등이 일어나 혼란스런 상황이었기 때문에 이에 대한 적극적인 대응을 할 수 없었다. 그나마 다행이었던 것은 금나라 역시 송나라를 제압할 정도로 강력하지 못했기 때문에 금과 송나라, 고려가 다시 불안한 세력 균형을 유지할 수 있어서 고려의 자주성은 훼손되지 않았다는 점이다. 그런데 13세기로 들어서면서 북방에는 새로운 이민족이 무서운 속도로 성장해 동아시아의 판도뿐만 아니라 세계의 판도마저 뒤바꿀 용트림을 하고 있었다.

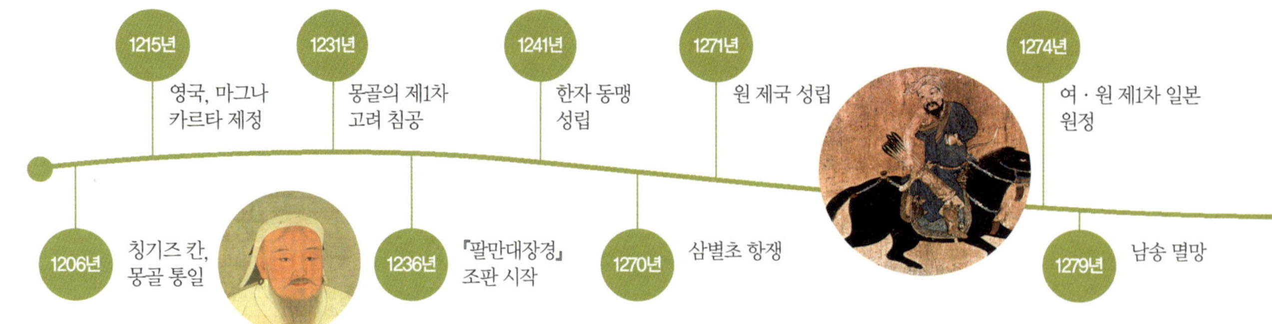

제1차 세계화가 일어나다

1206년 몽골 초원을 통일한 테무친이 칭기즈 칸(왕 중의 왕, 또는 광명의 신)으로 추대되면서 몽골 전사들은 부챗살처럼 동서남북의 문명 세계로 진군했다. 십자군 전쟁의 와중에 있던 유럽인들은 13세기 초에 불쑥 나타난 몽골 정복자들을 신의 채찍이나 사탄의 저주가 아닐까 생각했다. 이 정복자들이 초원을 떠나 말을 타고 달릴 수 있는 곳이면 어디든지 달려간 40년 동안 세계의 많은 나라들이 지도상에서 자취를 감추었다. 금나라 수도 대도(지금의 베이징)는 한 달 이상 불탔고, 호라즘 제국에서는 하루 사이에 수십만 명이 죽었으며, 러시아 귀족들은 몽골 군의 승전 기념 술자리 밑에서 무릎 꿇었다. 몽골의 칼날 앞에서 문명 세계가 택할 수 있는 것은 죽음 아니면 항복이었다.

몽골은 세계 곳곳으로 정복의 발길을 서둘렀고 테무친의 뒤를 이은 대칸들 또한 정복자의 꿈을 멈추지 않았다. 몽골은 이민족 최초로 중국 전역을 장악했고 동아시아와 중앙아시아 그리고 서아시아와 러시아에 이르는 대제국을 건설했다. 몽골의 분할 상속 관습과 대칸 자리를 둘러싼 갈등으로 이후 쿠빌라이가 대칸이 되어 원나라를 건국할 무렵에

는 원나라와 일 한국, 차가타이 한국, 킵차크 한국, 오고타이 한국 등 4개의 한국으로 분열되었지만 이들 상호 간에는 여전히 형제라는 의식이 자리 잡고 있었다.

원나라의 황제이자 몽골 제국의 대칸으로 등극한 쿠빌라이는 제국의 분할을 공인하는 대신 경제적 통합을 통해 하나로 묶고자 했다. 그리고 그 결과 나타난 것이 역참 제도를 통한 적극적인 동서 교류의 장이었다. 참혹한 전쟁의 끝에 평화로운 시대가 열리고 과거처럼 각 지역의 제국들이 때로는 다투기도 하면서 교류하던 것과는 달리 세계 제국이 만들어 낸 국경 없는 교역로를 따라 동·서양의 사람과 문물은 활발하게 왕래했다. 바야흐로 최초의 세계화 시대가 열린 것이다.

몽골 세계 제국은 100여 년 동안 '타타르의 평화'*라고 불리는 태평성대를 이어 갔다. 그러나 점차 곳곳에서 제국의 지배에 저항하는 기운이 솟구치고 있었다. 그러다가 14세기 중엽부터 제국의 본거지인 원나라마저 흔들리기 시작했다. 각지에서 몽골 족의 지나친 압제와 민족 차별에 분노한 한족들이 들고 일어났고, 홍건적*이라 불리는 반란군이 제국을 휩쓸었다. 반란 지도자의 한 명이던 주원장이 1368년 남경에 도읍하고 명나라를 세울 무렵 이미 원나라 정부는 기울 대로 기운 상태였다. 중국 남부를 평정한 명나라는 바로 원나라에 대한 공격을 개시해 수도 대도를 함락하고 중국의 새로운 주인이 되었다. 원나라는 몽골 고원으로 달아나 더 이상 세계 제국이 아닌 북원이라는 지역 국가로 전락하고 말았다.

몽골 세계 제국이 자리를 잡아갈 무렵부터 십자군 전쟁을 끝마친 유럽 세계도 또 다른 변화의 흐름에 직면했다. 성지 회복을 내걸고 교황권을 강화하려고 시작했던 십자군 원정이 실패하자 교황의 권위는 크게 떨어졌고 14세기 초에는 국왕에게 밀려 교황이 억류되다시피 한 '아비뇽의 유수'*와 같은 일마저 일어났다. 그뿐만이 아니었다. 장기간의 십

타타르의 평화

몽골 세계 제국의 시대를 흔히 '타타르의 평화'나 '팍스 몽골리아'라고 부른다. 이는 서양 학자들이 붙인 명칭인데 몽골 족과 타타르 족을 혼동해 발생한 용어이다. 타타르 족은 원래 몽골 족의 한 일파로 몽골 고원의 서쪽에서 살았는데, 튀르크계와 결합해 현재는 러시아와 동유럽 등지의 초원에 사는 종족을 일컫는다.

홍건적

미래에 나타나 민중을 구원한다는 미륵불을 믿는 백련교가 원나라 초기부터 민간에 널리 퍼졌는데, 원나라 쇠퇴기인 1351년 백련교도들이 대규모 반란을 일으켰다. 이들은 머리에 붉은 띠를 매었기 때문에 홍건적이라고도 불렸다. 홍건적이 전국 각지에 일어나 원 제국을 흔들었는데, 홍건적의 지도자 가운데 하나인 주원장은 중국 남부 지역을 통일하고 1368년에 명나라를 건국했다. 이후 명나라는 원의 수도인 대도(지금의 북경)까지 차지해 사실상 중국을 장악하고 원나라를 몽골 고원으로 밀어냈다.

자군 원정으로 봉건제를 지탱하던 영주나 기사 등의 파산이나 몰락이 연이어 일어났다. 여기에 흑사병까지 겹쳐 유럽 인구의 1/3이 줄어들었고 영주들의 수탈에 저항하는 농민 반란도 빈번해졌다.

교황과 봉건 영주의 힘이 약화되자 권력은 그동안에는 명목뿐이던 국왕에게로 자연스럽게 이동했다. 조세권과 재판권 등이 국왕에게 넘어가면서 국왕은 왕권 강화를 위한 중앙 집권 체제를 갖추기 시작했다. 영주들도 점차 중앙 정부의 관료로 편입되었고 왕의 상비군이나 근위대가 힘을 갖추기 시작했다.

이와 더불어 동서 교류가 확대되자 지중해 무역을 주도하던 이탈리아 반도의 도시 국가들이 성장하면서 유럽 전역은 곳곳에 시장과 교역로를 설치하느라 분주해졌다. 교역이 확산되자 이슬람 제국에서 들어온 화약이나 인쇄술, 항해술이나 선박 건조 기술 등이 발전하기 시작했고 유럽은 고요한 농촌 경제에서 분주한 상업 경제로의 이행이 시작되었다. 그 가운데 하나가 도시를 중심으로 한 수공업 길드의 발달이었다. 이런 변화는 영주의 장원에 묶여 있던 농노들을 자극했고, 이들은 자유의 냄새가 나는 도시로 몰려들었다. 여기에 십자군 전쟁을 통해 이슬람 세계에 보존되었던 그리스·로마 문화가 유럽으로 유입되기 시작했다. 그러자 중세의 종교적 윤리에 짓눌려 있던 지식인들은 그리스·로마 문화의 자유분방함과 인간 중심 사고에 매료되기 시작했고 15세기에 이르면 르네상스라 불리는 고대 정신의 부활 운동이 일어나게 된다. 교황과 봉건제, 장원제로 대표되는 중세가 저물어 가기 시작한 것이다.

세계 제국 체제와 고려의 불투명한 미래

고려가 칭기즈 칸의 몽골 제국과 처음 접촉한 것은 1219년이었다. 그해 거란족이 몽골에 쫓겨 고려 땅으로 들어와 강동성을 점거하자 고려는 거란족을 쫓아온 몽골 군과 협공해 강동성의 거란족을 토벌했다. 이후 고려와 국경을 맞대게 된 몽골 제국은 고려를 속국처럼 대하며 막대한 공물을 요구했다. 1221년 고려에 온 몽골 사신 저고여가 귀국 길에 압록강 인근에서 피살당했다. 몽골은 고려 정부가 저고여의 살해를 사주했다고 주장하며 침략의 발걸음을 재촉했다. 그러나 몽골의 1차 고려 침략은 금나라를 정복하려는 군사 작전의 일부로 계획된 것이었다. 금나라와 전면전을 펼치려면 동쪽 변경이 안전해야 했기 때문이다.

1231년부터 몽골의 침략이 시작되자 고려의 무신 정권은 수도를 강화도로 옮기면서 항전했고, 금나라가 멸망한 뒤에도 25년이나 더 버텼다. 그러나 40여 년 가까이 지속된 전쟁으로 지친 몽골 제국과 고려 정부는 화해를 모색한다. 최씨 무신 정권이 무너지면서 본격적으로 강화가 추진되었고 고려 정부는 다시 개경으로 돌아왔다. 이에 반발한 삼별초의 항쟁이 이어졌지만 고려 정부와 원의 연합군에게 제압되면서 고려는 '팍스 몽골리아'라고 표현되는 원 제국의 세계 질서에 편입되었다. 비록 원 세조가 "고려의 풍속은 바꾸지 않는다."라며 고려의 독자성을 존중하겠다고 약속했지만, 고려는 정치, 사회, 경제, 문화 등 모든 면에서 자유롭지 못하게 되었다. 원의 간섭에 의해 거듭된 고려 왕의 폐위나 재즉위는 이를 말해 준다.

14세기 후반 원나라의 쇠퇴와 한족의 반란으로 중국이 혼란에 빠지자 동아시아에는 새로운 국제 질서의 개편이 눈앞으로 다가왔다. 원·명 교체라는 중국의 변동과 더불어 왜구의 침략까지 겹쳐 일어난 변화했다. 이 무렵 고려에서도 보수적인 권문세족*과는 다른 신흥 사대부 세력*이 성장하면서 두 세력 사이에는 갈등이 표출되기 시작했다. 이런 정세 속에서 즉위한 공민왕(재위 1351~1371)은 100여 년 동안 지속된 원나라의 간섭에서 벗어나 자주 국가 고려의 위상을 세우는 개혁을 추진했다. 수구적이고 외세 의존적인 친원 세력과 원 간섭기에 성장한 권문세족을 제거해 왕권을 강화하는 것이 그의 목표였다. 신돈의 도움을 받아 진행된 그의 개혁 조치는 일시적으로 성공하는 듯했다. 하지만 신돈의 처단과 더불어 그 의미는 퇴색했고, 공민왕의 갑작스런 죽음으로 정권은 다시 권문세족의 손으로 넘어갔다.

권문세족의 완강한 저항으로 개혁이 실패하면서 개혁의 한 축이자 지지 계층이던 신흥 사대부들은 새로운 진로를 모색하게 된다. 이들이 북방의 불안정과 왜구의 창궐로 등장한 신흥 무장 세력을 새로운 파트너로 잡은 것은 역사의 필연이었다. 정도전과 이성계로 대표되는 두 연합 세력은 위화도 회군을 통해 권문세족 정권을 무너뜨린 다음, 낡은 고려의 체제 자체를 부정하고 역성혁명을 단행했다. 1392년 500여 년 가까이 유지되었던 고려 왕조가 붕괴되고 사대부와 성리학의 나라 조선이 세워졌다.

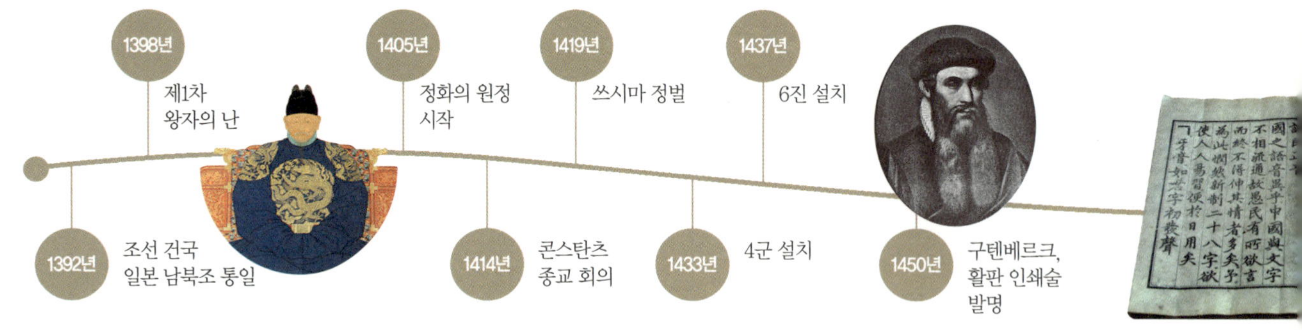

대항해 시대와 한국 근세사

3권

1부

르네상스 시대와 유교 국가 조선의 성립

| 1392년~1494년

동·서에서 새로운 변화의 바람이 불다

유럽의 14세기는 중세에서 근대 사회로 변화되기 시작하는 시기였다. 14세기 후반부터 중세 봉건 사회는 점차 무너져 갔고 그를 대신해 중앙 집권적인 통일 국가가 성장했다. 왕권이 강화되자 중세를 지배하던 교황의 권위도 쇠퇴하고 가톨릭 중심의 중세 문화에도 큰 변화가 나타나면서 근대라는 새로운 사회로 전환되어 갔다.

이러한 근대적인 성격의 변화를 최초로 이끈 것은 고대 그리스·로마 문화의 부흥을 내세운 문화 운동, 즉 르네상스였다. 르네상스는 이탈리아의 도시 국가에서부터 시작되었다. 그 이유는 도시 국가가 중세의 영주 중심의 장원제 체제가 아니라 상업 중심의 자유로운 분위기를 지닌 데다가 이슬람 세계와 비잔티움 제국에서 그리스·로마의 문헌이나 그것을 연구하는 학자들이 몰려들었기 때문이다. 여기에 지식인층의 적극적인 호응도 한몫했는데 이들을 인문주의자라고 부른다. 이렇게 이탈리아에서 시작해 유럽 전역으로 확산된 르네상스는 중세를 이끌던 신 중심 사고에서 인간 중심 사고로의 전환을 유도했고 자연스럽게 교황과 가톨릭교회에 대한 비판으로 이어졌다.

르네상스를 통해 인문주의와 비판적 사고가 발전하면서 자연에 대한 연구 태도도 달라졌다. 중세의 자연 과학이란 신의 섭리를 살피는 학문이었지만, 이제는 자연의 현상이나 원리 자체가 연구 대상이 되었다. 자연 과학이 발전하게 되면서 동방에서 들어온 화약이나 나침반, 활판 인쇄술과 같은 기술도 점차 진보하게 되었다. 대포와 총이 등장하면서 중세를 지탱하던 기사 계급의 몰락을 더욱 촉진시켰고 인쇄술은 책을 통한 지식의 축적과 전파를, 나침반은 항해술의 발전을 이끌었다.

이제 신의 의지를 대신해 인간의 이성이 보다 중요하게 여겨졌고 자급자족하던 장원 제도가 무너지면서 농업보다는 상업이 촉진되었다. 상업의 발전은 기술의 발전을 이끌었고 교역을 위한 교통수단의 발전 그리고 시장의 활성화와 도시의 성장을 유발했다. 여기에 교황의 권위가 무너지자 국왕의 힘이 강화되었고 섬처럼 흩어져 있던 영주들은 국왕의 관료로 편입되어 갔다.

르네상스의 기운이 유럽을 휘감고 있을 때 동아시아 또한 그와는 다르지만 중요한 변화가 일어났다. 일본에서는 1392년에 무로마치 막부가 남북조로 분열되어 있던 전란의 시대를 종식했고, 중국과 한국에서는 1368년과 1392년 각각 명나라와 조선이 건국되는 등 새로운 왕조가 잇달아 새롭게 열렸다. 동아시아 사회의 전체적인 변화는 명나라의 건국으로 시작되었다. 명나라는 유학을 국가 이념으로 채택해 내부적으로 유교 문화를 정비해 나갔고, 외부적으로는 유학적 중화주의를 바탕으로 한 조공·책봉 체제를 통해 동아시아의 국제 질서를 구축했다.

여기서 유학이란 송나라 시대에 등장한 성리학을 말하는데, 성리학에서 강조하는 정치적 이상은 민본주의에 바탕을 둔 도덕 정치였다. 백성이 나라의 근본이라고 여기는 민본주의는 농업 중심의 사회 체제를 강조하는 말이기도 했다. 백성들이 배부르게 먹고살

수 있게 해야 하기 때문에 농업 생산력을 강조했는데, 이로 인해 소인배들이 속임수나 쓴다고 여긴 상업과 교역은 경시되었다. 이런 영향으로 송나라에 이어 원나라 시대까지 활발하게 벌이던 대외 교역은 축소되었다. 또한 유학 이념의 핵심은 사회적 신분 질서에 따른 도덕 정신의 확산이었기 때문에 상하와 남녀의 구분을 명확하게 하는 것이었다. 이것을 외부 세계에 적용하면 천자의 나라 중국과 제후의 나라 주변국이 조공·책봉을 통해 질서를 유지하는 것을 의미했다. 중화주의라고 부르는 이런 국제 질서를 바탕으로 동아시아 각국은 서로 독자성을 인정하면서도 강대국과 약소국이 상호 공존하는 체제를 형성했다. 이와 더불어 유교는 동아시아 각국으로 확산되어 지배적인 이념으로 자리를 굳히게 된다.

모범적 유교 국가 조선의 성장

명나라의 건국을 계기로 유교가 동아시아를 주도하는 이념으로 정착되고 있을 때인 1392년에 고려가 멸망하고 조선이 건국되었다. 조선을 건국한 인물은 이성계였지만 이성계를 지원한 이들은 신흥 사대부들이었다. 신흥 사대부는 새로운 유학인 성리학으로 무장한 지방 지식인들이었다. 그런 점에서 조선의 건국은 명나라에 이어 또 하나의 유교 국가가 탄생했음을 의미하는 것이었다. 조선은 유학을 국가 이념으로 내세우면서 유교 이념을 정치적으로 구현하는 데 나섰다. 조선은 토지 제도의 정비와 과거 제도의 강화 그리고 교육 제도의 정비를 통해 이를 실현하려고 했다. 하지만 국가 성립 초기의 특성상 권력을 둘러싼 대립이 심해 유교 정치를 실현하는 것은 쉽지 않았다. 태조 등극 이후 후계자 문제를 놓고 갈등이 격화되어 피비린내 나는 숙청이 거듭되었다. 이때 갈등의 핵심은 정도전으로 대표되는 개국 공신파와 태조의 4남 이방원으로 대표되는 왕권파 사이의 권력 배분 문제였다. 그 과정에서 조선 유교 이념의 기틀을 마련했던 정도전이 살해당하기도 했다.

이방원이 태종(재위 1401~1418)으로 즉위하면서 강력한 왕권을 행사했지만 이를 통해 국가 초기의 혼란을 수습하고 사회적 안정을 도모할 수 있었다. 태종 시대의 안정을 바탕으로 세종(재위 1418~1450) 시대에 이르자 조선은 본격적인 유교 이념의 실현에 나섰다. 세종은 집현전을 통해 유학자 관료를 양성하고 이들과 함께 유학적 민본주의에 입각한 각종 정책을 추진했다. 유학 이념을 전파하려는 서적들이 간행되었고 백성들의 실질적인 생활 안정을 위해 농업이나 의학, 천문학 관련 기구가 발명되거나 서적이 간행되었다. 또한 국방의 안정을 위해 여진을 정벌하고 왜구를 소탕하는 등의 조치도 취해졌다. 이렇게 해서 세종은 조선을 유학적 민본주의 국가로 자리 잡게 만든 조선 최고의 명군으로 손

꼽히게 되었다. 그런데 조선의 유교 정치는 세조(재위 1455~1468)의 집권으로 또 한 차례 위기를 맞았다. 유학에서는 인정될 수 없는 방식이었던 조카로부터 왕위를 찬탈해 집권한 세조는 자신에 대한 비판을 잠재우려고 가혹한 숙청을 강행했고 불교에 큰 관심을 보이는 등 유교 정치와는 다른 방식으로 통치했다. 하지만 성종(재위 1470~1494)이 즉위하면서 조선의 유교 정치 실현을 위한 실험은 재개되었다. 성종은 건국 초부터 세조 집권에 이르기까지 공신이 되어 권력을 좌지우지하던 훈구 대신들을 견제하려고 유학으로 무장한 신진 사림들을 지원했다. 사림이란 지방에 근거를 둔 사대부 세력을 말한다. 사림이 중앙 정계에 진출해 언관*이나 사관* 등 훈구 대신을 견제하는 역할을 담당하면서 조선의 유교 국가 실험은 일차적인 완성을 보게 된다.

서양의 인문주의와 동양의 성리학적 인간관

르네상스가 시작되면서 서양의 지식인층은 인간의 존엄과 자유를 중요하게 여긴 그리스·로마 문화에 심취해 고전 연구와 더불어 인간의 본질이라는 문제를 본격적으로 탐구한다. 이런 사람들을 인문주의자라고 하는데 이들은 중세의 신 중심 사고, 즉 인간은 원죄를 지은 존재이며 신에게 종속된 존재라는 사고를 부정하고 인간의 쾌락이나 욕망 그리고 자유 등의 가치를 높이 평가했다. 이런 사고는 가톨릭교회에 대한 비판으로도 이어져 뒤에는 종교 개혁의 씨앗이 되었으며 문화 예술 등에도 반영되었다. 이런 경향은 또한 정치 체제에도 영향을 미쳐 근대 민주주의 체제를 성립시키는 이론적 근거가 되었다. 말하자면 서양의 인문주의는 근대적 인간관을 확립하면서 중세에서 근대로 가는 이론적 토대가 되었다.

성리학에서 말하는 인간관도 인간은 하늘이 부여한 본성을 지닌 존재로 다른 사물과는 구분되는 존엄성을 지녔고 인간의 주체적 실천 활동을 강조했다. 여기에 백성이 나라의 근본이라 생각하는 민본주의에 입각, 지배층에게 강한 도덕심과 애민 정신을 요구했다. 이런 점에서 보면 인문주의와 성리학적 인간관은 유사한 측면이 있다. 그러나 서양의 인문주의가 인간은 누구나 존엄한 존재로서 평등하다고 생각해 부당한 지배 구조에 반대하고 근대 민주주의를 성립시키는 근거가 된 반면, 동양의 성리학적 인간관은 기존의 지배 질서를 합리화한 측면이 있었다. 즉, 이상적인 존재로서의 군자(성인)를 상정하고 지배층이 군자가 되려고 스스로를 갈고 닦아 무지한 백성을 이끌어야 한다는 점만을 강조했던 것이다. 이런 차이로 인해 서양의 인문주의가 근대적인 변화를 이끈 이론이 되었던 반면, 성리학적 인간관은 사회를 안정시키는 데에만 기여하고 사회 변화를 능동적으로 이끌어 가지 못했다고 하겠다.

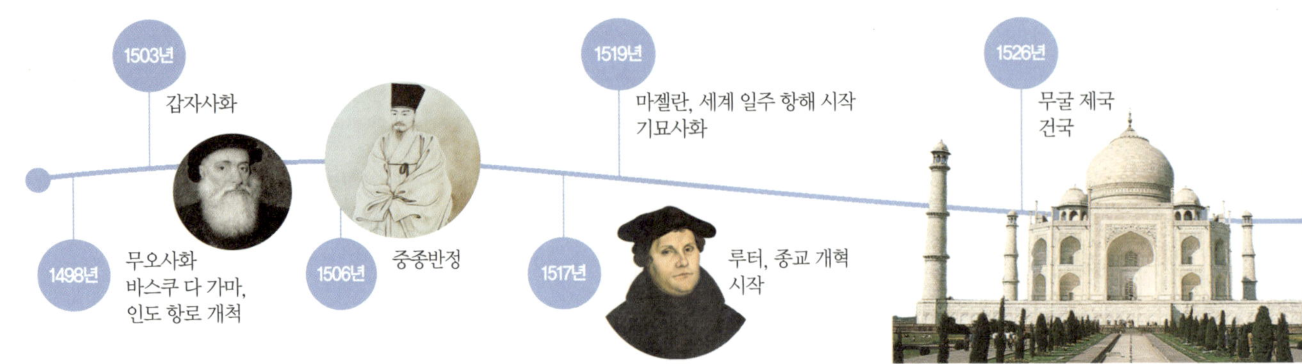

대항해 시대와 한국 근세사

대항해 시대와 조선의 진통

1495년~1591년

유럽, 대항해에 나서다

르네상스 시대에 축적된 과학적 성과를 바탕으로 유럽 인들은 15세기부터 대항해에 나섰다. 대항해는 향료 무역에 참여해 이익을 확보하려는 경제적인 동기와 강력한 기독교 국가를 찾아 이슬람교도를 유럽에서 완전히 축출하려는 종교적 동기에서 추진된 것이었다. 당시 유럽 인들의 주식이던 절인 고기나 생선에 향료는 필수품이었는데, 향료를 생산하는 곳은 멀리 동남아시아였다. 그래서 향료의 교역 이익은 엄청나게 클 수밖에 없었다. 그런데 이 무렵 오스만 제국이 등장해 유럽 세계를 위협하면서 이슬람에 대한 공포가 다시 유럽 인들의 머리를 짓눌렀다. 더구나 오스만 제국은 지중해의 패권까지 차지해 동서 교역의 중간 이익마저 독차지하려 들었다.

대항해를 주도한 국가는 동서 교역의 중심지였던 이탈리아가 아니라 유럽의 변방 포르투갈과 에스파냐였다. 유럽의 변방에 위치하여 동서 무역에서 소외되었고 이슬람교도의 침입에 가장 많이 시달렸기 때문에 바다로 나서야 할 필요가 절박한 국가들이었다. 국가의 전폭적인 지원을 받아 많은 모험가들이 새로운 바닷길 개척에 나섰고, 결국 동쪽으

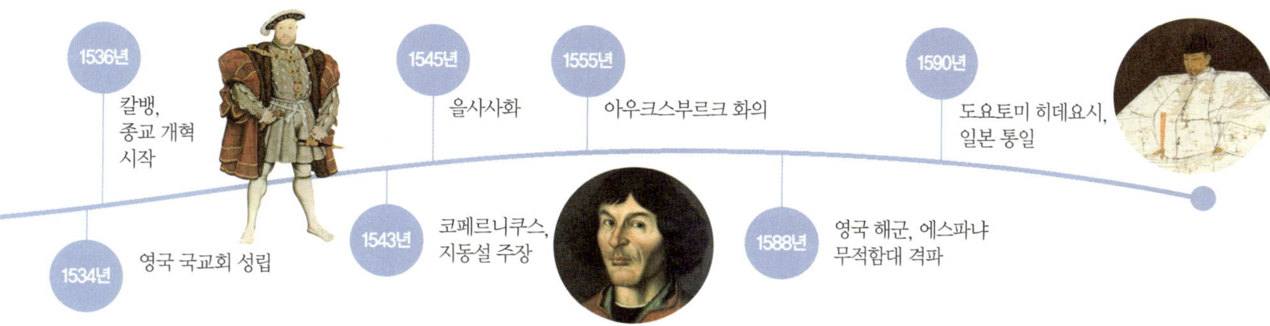

로 가는 바닷길과 서쪽으로 가는 바닷길이 모두 열렸다. 이 과정에서 아메리카라는 유럽 인들에게 알려져 있지 않던 새로운 대륙도 발견했다. 동서 항로의 개척은 세계사적으로도 일대 사건이었다. 이제까지 고립되어 존재하던 동서 각지의 국가들이 진정한 의미의 세계화로 나아갈 수 있게 되었기 때문이다.

새로운 바닷길이 열리자 일확천금을 꿈꾸며 유럽 인들은 동양의 곳곳과 아메리카를 향해 불나방처럼 밀려들었다. 초기의 동서 교류는 유럽 인들이 동양의 관습을 비교적 존중해 별 무리 없이 이루어졌다. 초기에 중국을 찾아온 포르투갈 상인들은 중국인들에게 호의적이었고 마테오 리치와 같은 선교사들은 중국의 관습을 존중하면서 서양의 과학 기술을 전파하기도 하는 등 중국인들의 환영을 받았다. 그러나 무역 이익을 둘러싼 유럽 인들 간의 대립이 격화되면서 무력 충돌까지 일어나고, 다양한 기독교 교파가 들어오면서 타 종교에 대한 배타적인 태도나 폭력 행사 등이 일어나면서 명나라와 일본 등 동양 각국은 교역을 금지시켰고 본격적인 동서 교류는 난관에 봉착했다.

16세기에 들어서면서 대항해로 힘을 키운 유럽은 점차 그 힘을 폭력적으로 변질시키기 시작했다. 아메리카 대륙은 이런 유럽의 힘을 일방통행으로 행사한 곳이었다. 원주민에 대한 무자비한 살육과 약탈이 자행되었고 금과 은을 채굴하려는 살인적인 노예 노동이 일상화되었다. 아메리카 대륙의 약탈을 통해 포르투갈이나 에스파냐가 강국으로 성장하자 유럽 각국은 앞 다투어 세계 각지로의 진출을 서둘렀다. 인도나 동남아시아 등의 무역 거점을 무력으로 장악하기 시작한 것도 이 무렵이었다. 대항해로 시작된 동서 교섭이 침략의 역사로 변질한 것이다. 그리고 그 변질의 한복판에 유럽 사회의 근대화가 있었다.

지리상의 발견이라고 불리는 대항해는 유럽에게는 신이 내린 축복이었다. 아메리카

대륙에서 옥수수나 감자, 커피와 설탕 등의 새로운 산물이 들어왔을 뿐만 아니라 대량의
금과 은이 유입되면서 상업 자본주의라 불리는 시기로 전환될 수 있었기 때문이다. 무역
과 상업을 통해 자본가들이 성장하면서 봉건 영주들의 몰락은 급속하게 빨라졌다. 장원
에서 받는 지대 수입보다 무역을 통한 상업 이익이 훨씬 앞서기 시작하자 국왕은 자본가
들의 육성을 통해 부국강병을 꾀하려 들었다. 국가가 상업을 통해 부강해진다는 중상주
의* 이데올로기가 만들어지고 국왕의 군대는 자국의 상인을 보호하기 위해 어느 곳이든
달려가 전투를 치를 준비를 갖추었다.

　여기에 중세의 조종을 울리는 또 하나의 변혁이 신호탄을 울렸다. 가톨릭교회라는 거
대한 중세의 기둥을 무너뜨린 종교 개혁의 깃발이 1517년 마르틴 루터에 의해 올려진 것
이다. 당시까지 비록 권위에 손상이 가기는 했지만 여전히 유럽 인의 정신을 지배한 것은
가톨릭교회였다. 가톨릭교회는 재정 적자를 메우려고 돈을 내는 순간 죄를 사면받을 수
있다면서 면죄부 판매를 시작했는데, 초기부터 상식 있는 성직자들은 물론 지식인들의
반발을 사고 있었다. 그런데 이에 대해 루터가 공개적으로 비판하자 교회의 대한 저항이
봇물처럼 터져 나왔다. 국왕이나 영주들은 교회가 차지하고 있던 토지나 재산에 탐이 나
이 운동을 지지했고 부르주아지는 교역을 가로막는 장벽을 깨려고, 농민들은 인두세에
가까운 교회세에 반발해 지지했다.

　이렇게 되자 가톨릭교회의 권위는 땅에 떨어졌고 곳곳에서 프로테스탄트(저항하는 사
람이라는 의미)라 불리는 신교가 성장했다. 종교 개혁의 거대한 물결은 유럽 사회를 지배
하던 중세적 사고를 완전하게 뒤바꾸었다. 이제 신보다는 인간이, 신앙보다는 개인의 자
유의지가 보다 중요한 가치로 여겨지게 되었고 상업이나 수공업을 통한 돈벌이가 천한
것이 아니라 당연한 것으로 받아들여지게 되었다. 근대적 자본주의 정신이나 자유주의
정신이 중세의 벽을 깨뜨리며 날개를 펴기 시작한 것이다.

조선, 사림의 세상으로 나아가다

유럽 인들이 본격적으로 대항해에 나섰던 16세기, 동아시아에서도 중요한 사회·경제적
변화가 일어났다. 그간 이루어진 농업 기술상의 혁신으로 농업 생산력이 크게 증대되고
그에 따라 상품 유통이 활성화된 것인데 조선도 예외가 아니었다. 이앙법의 보급으로 농
업 생산이 늘면서 곳곳에 시장이 서고 수공업과 상업도 발전했다. 무역에서도 공무역을
대신하여 사무역이 대외 무역을 주도하는 변화가 나타났다. 경제적인 부에 대한 관심의
고조는 이 시기의 특징적인 현상이었다.

　경제적인 부에 대한 관심이 생겨나면서 문제점도 나타났다. 권세가들이 부의 확보에

나서면서 권력을 이용해 경제적 이익을 독점하려 했기 때문이다. 그로 인해 일반민들은 고리대 등으로 빚을 져서 권세가들에게 토지를 빼앗기는 등 커다란 피해를 입고 있었다. 폐단이 심화되자 이를 비판하는 정치 세력으로 사림이 등장했다. 사림은 지방 사회에서 성리학 연구에 집중했던 부류인데, 권세가들의 비리가 노골화되자 이를 비판하면서 조선 사회를 유교적으로 재정비하고자 했다. 사림의 정치 목표는 도덕적인 국가 건설이었으며, 그러한 목표를 달성하는 과정에서 기존 집권 세력인 훈구파와 대립했다. 이런 현상은 명나라에서도 유사하게 나타났는데 동림당이 그 주역이었다. 동림당은 명나라 중기 이후에 특권 관료와 환관 등이 권력과 부를 독점하자 이를 비판한 강남 지역 중심의 신사층*을 말한다. 동림당은 조선에서와 마찬가지로 권세가들에게 탄압을 받아 집권에 실패한다.

조선의 사림은 성종 시절에 본격적으로 정계에 진출했지만 아직은 정치적 힘이 부족했다. 연산군이 집권하면서부터 사림은 훈구파의 공격을 받아 두 차례의 사화를 겪으면서 곤경에 처하기도 했다. 중종(재위 1506~1544) 시절에는 조광조가 등장해서 급진적인 개혁 조치를 추진하려 했지만, 이 역시도 좌절되고 말았다. 중종이 반정공신들의 손을 들었기 때문이다. 이후 명종(재위 1545~1567) 시절에도 사림은 윤씨 외척 세력을 중심으로 한 훈구파의 공격으로 또 다시 중앙 정계로의 진출에 실패하고 말았다. 이로 인해 세력 기반이 미약함을 절실하게 느낀 사림은 지방에서 서원*과 향약*을 통해 정치적 기반을 다지면서 재기의 기회를 노렸다. 그리고 마침내 선조 시대에 이르자 사림은 정치를 주도하는 세력으로 성장하기에 이른다.

3권

3부

대항해 시대와 한국 근세사

동아시아 대전쟁과 조선의 재정비

1592년~1674년

국제전에 휩싸인 동아시아 3국

1592년 4월 13일 일본군이 전격적으로 조선을 침략하면서 임진왜란이 시작되었다. 왜란은 일본을 통일한 도요토미 히데요시가 천하의 지배자가 되겠다는 망상에서 출발했다. 그러나 일본 내부에서 보면 무력 통일 과정에서 자기 몫을 챙기지 못해 불만을 품은 무사 계급의 관심을 외부로 돌리려는 정략적 판단이 작용해 일어난 침략 전쟁이었다. 이렇게 되어 7년 동안 동아시아 삼국인 조선·중국·일본은 전쟁의 소용돌이에 휘말렸다.

7년 동안 끊임없이 전투가 벌어졌던 것은 아니지만 세 나라가 이토록 오랜 전쟁을 치른 것은 역사상 처음 있는 일이었다. 조총으로 무장한 일본군은 한 달 만에 한양을 점령하고 평양까지 밀고 올라가는 등 초반에 승전을 거듭했다. 하지만 곳곳에서 일어난 의병이 관군의 빈자리를 메우고 이순신이 해전에서 승리하면서 보급에 지장을 받자 전세는 반전되었다. 이후 명나라군이 참전하면서 전세는 완전히 역전되어 왜군은 후퇴해 경상도 해안 지역으로 밀려났고 삼국 간에는 지루한 정전 협상이 이어졌다. 1차 침략에 실패한 일본은 전열을 정비해 1597년에 정유재란을 일으켜 조선을 침략했다. 하지만 이순신

의 놀라운 투혼과 조명 연합군의 활약으로 일본군은 우위를 점할 수 없었다. 1598년 히데요시가 사망하면서 7년여에 걸친 전쟁은 결국 일본의 패배로 막을 내렸다.

임진왜란은 중국, 조선, 일본이 근대적 화약 무기를 총동원하여 국운을 걸고 맞닥뜨린 국제 전쟁이었다. 그리고 이 전쟁으로 동아시아 각국의 정세에는 커다란 변화가 일어났다. 중국에서는 명나라가 원정군을 보낸 틈을 타 여진족이 급성장했다. 일본의 경우 침략 전쟁을 벌인 도요토미 가문이 몰락하고 도쿠가와 막부가 새로 성립하는 정치적 변동이 일어났다. 조선만은 기존 정권이 그대로 존속했지만, 경제적으로 농토가 큰 피해를 입고 사회적으로 신분 체제가 흔들리는 등 전쟁은 조선 사회에도 적지 않은 영향을 끼쳤다.

두 차례 호란과 조선의 재정비

임진왜란으로 명나라의 힘이 약화되자 북방에서는 여진족이 급속히 성장했다. 만주 동북부 지역과 한반도 동북부에 걸쳐 산재해 있던 여진족을 통일한 사람은 누르하치였다. 그는 여진족을 통일하고 1616년에는 후금을 건국, 명나라 침공을 준비했다. 이렇게 되자 중국 정세에는 큰 변동이 일어났다.

역사적으로 중국의 정세 변화가 항상 한반도에 영향을 미쳤듯이 중국 대륙에서 전개된 두 민족 간의 대결은 조선에도 큰 파장을 미쳤다. 선조에 이어 집권한 광해군은 명나라와 후금 사이에서 외교적 줄타기를 하며 조선의 안정을 도모하고자 했다. 광해군을 축출하고 즉위한 인조(재위 1623~1649) 또한 중립 외교 노선을 지키고자 했지만 이러한 노력은 성공하지 못했다. 명나라를 공격하기에 앞서 후방의 위협 요인을 제거하기 위해 후금은 1627년 3만여 병력을 보내 조선을 침략했다(정묘호란). 하지만 조선 측에서 후금의 요구 사항을 수락하자 쉽게 물러났다. 그런데 국호를 청으로 바꾼 해인 1636년 이번에는 청 태종이 10만 대군을 이끌고 직접 침공했다(병자호란). 명분은 황제 칭호에 대해 조선이 응하지 않는다는 것이었지만 실질적으로는 중국 정복에 앞서 후방의 안전망을 확실하게 구축하려는 것이었다.

임진왜란이 끝난 지 20여 년 만에 조선은 또 다시 전쟁의 소용돌이 속으로 말려들었다. 청을 상대할 만한 역량이 없었던 조선은 인조가 청 황제 앞에 나아가 치욕스러운 항복을 하는 수모를 겪었다. 인조의 뒤를 이은 효종(재위 1649~1659)은 굴욕을 씻고자 북벌 정책을 추진했지만 현실적인 여건이 충족되지 못해 효과를 발휘할 수 없었다. 인조 재위 시기였던 1644년에 이미 중국을 장악한 청나라는 한창 기세를 올리는 시기였고, 조선의 힘만으로 청나라를 상대하는 것은 역부족이었기 때문이다.

효종의 사후 조선은 내수와 내치에 전념하여 본격적으로 체제 정비에 나섰다. 조선은 소중화론을 강조하며 조선이 멸망한 명나라를 대신하는 유일한 중화 국가라는 자부심을 내세웠으며, 사회의 도덕적 질서 안정을 강조하는 예치를 통해 성리학 이념을 보다 엄격히 실현하고자 했다. 이러한 정책은 조선이 내적인 안정을 찾는 데 큰 역할을 했지만, 동시에 민중들의 실생활과 동떨어진 예송 논쟁에 치중하면서 문제점도 드러냈다. 효종과 효종의 왕비에 대한 상례를 둘러싸고 벌어진 예송 논쟁을 통해 당쟁이 격화되면서 지배 세력의 붕당 정치가 강화된 반면, 민생 안정을 위한 조치들은 제대로 이루어지지 않았기 때문이다. 이제 시대에 맞는 새로운 이념이 나와야 할 시점에 도달한 것이다.

오스만 튀르크 제국과 무굴 제국

동아시아에서 국제 전쟁으로 변화가 일어나고 있던 시기에 서아시아와 인도에는 오스만 튀르크와 무굴이라는 두 개의 제국이 세력을 떨치고 있었다.

1299년 시작된 오만 튀르크 제국은 소아시아 지역을 장악하고 성장하다가 14세기 말에 티무르 제국에 패해 위기를 맞았으나 티무르의 죽음으로 위기를 극복하고 다시 세력을 확장했다. 1453년에는 비잔티움 제국을 멸망시키고 발칸 반도까지 진출했다. 이후 오스만 제국은 이슬람 세계의 실질적인 지배권을 장악하고 지중해 패권까지 차지해 이탈리아 도시 국가들의 동방 무역을 위협했다. 이 때문에 유럽은 지중해가 아니라 아프리카를 통한 해상 항로 개척에 나서 대항해 시대를 열게 된다. 16세기 중반에는 오스트리아 제국의 수도 빈을 위협할 정도로 기세를 올렸으나 1571년 레판토 해전에서 에스파냐의 무적함대에 패하면서 기세가 꺾였다. 19세기에는 제국주의 열강의 침략으로 명맥만 유지하다가 20세기 초에 시민 혁명으로 멸망하게 된다.

무굴이란 인도어로 몽골을 의미하는 말인데, 16세기 초 티무르 제국이 멸망한 이후 아프가니스탄 지역을 장악하고 있던 몽골 계의 바부르가 1526년 인도 북부 지역을 차지하고 있던 델리 술탄 왕조를 공격해 승리했다. 그는 북인도를 장악하자 무굴 제국을 세우고 남진해 인도 전역을 통일하고자 했다. 그의 손자인 악바르 시대에는 인도를 통일하고 전성기를 누렸는데, 그는 힌두교도와의 마찰을 없애려고 힌두교를 공인하는 등 사회 통합을 위해 노력하고 대외 무역을 권장했다. 이로 인해 대항해 시대까지 인도의 주요 항구들은 중계 무역의 거점으로 번영을 누렸다. 이후 무굴 제국은 약 300여 년 동안 존속하다가 영국이 제국주의 침략을 하면서 무너지게 된다. 우리에게도 익숙한 타지마할 묘를 세운 샤 자한은 5대 황제였다.

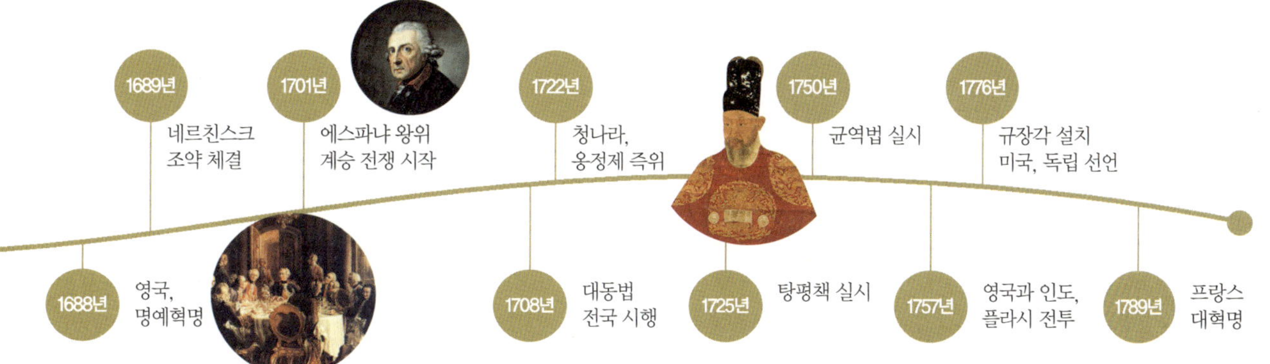

대항해 시대와 한국 근세사 3권

1676년~1800년

절대 왕정 시대와 조선의 부흥

4부

동서양에서 동시에 절대 왕정을 추구하다

유럽에서 16세기부터 18세기에 걸친 시기를 절대 왕정 시대라고 부른다. 물론 18세기까지 러시아·프로이센 등의 계몽 군주제, 프랑스·에스파냐 등의 절대 군주제(절대 왕정제), 영국의 입헌 군주제, 미국의 공화제 등 다양한 정치 체제가 있었지만 유럽의 대다수 국가는 절대 왕정 체제 아래에 있었다. 절대 왕정이란 말 그대로 왕이 절대적인 권한을 행사하는 정치 체제를 의미하는데, 계몽 군주들 또한 왕권 강화를 꾀했다는 점에서는 동일했다.

절대 왕정은 어떻게 등장할 수 있었을까? 앞에서도 말했지만 중세를 지배하던 교황과 봉건 영주들의 힘이 약화되면서 왕권이 강화되었는데, 이를 더욱 빠르게 진행시킨 것은 근대적 군대의 등장과 대항해로 인한 상공업의 발달이었다. 칼과 창이 아니라 대포와 총으로 무장한 군대가 등장하면서 중세를 유지하던 기사 계급의 몰락을 촉진시켰고, 상공업의 발달로 국왕이 거두어들이는 세금이 늘어나면서 국왕 직속의 상비군과 관료를 둘 수 있었기 때문이다. 상비군과 관료를 유지하는 재정을 마련하기 위해 국왕은 전 국민에

왕권신수설
왕의 권력은 신으로부터 주어
진 것이므로 의회나 국민이 이
에 간섭할 수 없다는 주장으로
절대 왕정을 옹호하고 뒷받침
하는 정치 이론을 말한다. 이
주장의 근거는 신성 로마 제국
처럼 중세에서 행하던 국왕에
게 교황이 왕관을 부여하면서
그 신성함을 신이 부여했다고
하던 이론에서 출발했다. 영국
의 필머(Filmer, R.), 프랑스의
보댕(Bodin, J.) 등이 주장했는
데, 15세기에서 16세기에 걸쳐
서유럽 절대주의 국가들의 이
데올로기로 이용되었다.

게 세금을 부과했지만 사실상 교회나 귀족(영주)들은 면세 특권을 누리고 있다. 그래서 국
왕은 부르주아지를 적극적으로 지원해 이들이 내는 세금으로 재원을 마련하고자 했다.
말하자면 절대 왕정은 귀족과 관료를 한 축으로 하고 시민 계급(부르주아지)을 다른 축으
로 하는 쌍두마차로 국가를 운영했던 것이다. 그런 까닭에 절대 왕정은 중세적 신분 질서
를 유지하는 구체제를 근간으로 삼으면서도 새롭게 성장하는 부르주아지를 지원한 독특
한 과도 체제였다.

절대 왕정이 시작된 곳은 대항해를 통해 유럽의 강국으로 떠오른 에스파냐였지만, 본
격적인 절대 왕정을 이룩한 곳은 영국과 프랑스였다. 영국은 15~16세기 헨리 7세와 8세
시기에 일찍이 왕권을 강화하고, 엘리자베스 1세(재위 1558~1603) 시대에는 에스파냐의
무적함대를 격파해 해양 주도권을 장악하면서 절대 왕정의 전성기를 누렸다. 프랑스는
16세기와 17세기에 걸쳐 절대 왕정이 성립되었는데, 루이 14세(제위 1643~1715) 때 전성
기를 누렸다. "짐이 곧 국가다."라는 말이 상징하듯이 루이 14세는 강력한 왕권을 바탕으
로 상공업 육성과 대외 진출을 추구했고 유럽의 패권 국가를 지향했다. 이에 비해 독일의
프로이센과 러시아는 유럽의 후진국이라 불릴 정도로 국가로서의 면모를 갖추는 데에서
뒤처져 절대 왕정의 수립이 늦었지만 프리드리히 대왕(재위 1740~1786)이나 표트르 대제
(재위 1682~1725)와 같은 계몽 군주가 강력한 근대화를 이루면서 절대 왕정의 대열에 합
류했다. 이렇게 절대 왕정은 나라에 따라 그 형성 과정이 달랐지만 왕권 강화와 국민 통
합 그리고 부국강병을 추구했다는 점에서는 동일했다.

절대 왕정은 왕권신수설*과 같은 이론을 바탕으로 왕의 절대적 권위와 힘을 과시했지
만, 도리어 그런 이유 때문에 스스로 무너질 수밖에 없는 체제였다. 사실 절대 왕정은 부
르주아지와 귀족들의 세력 균형 위에서 성립한 과도 체제였기 때문에 세력 균형이 무너
지는 순간 위기에 처할 수밖에 없었다. 성장하는 세력은 부르주아지였고 역사는 그들의
손을 들어주게 되어 있었다.

절대 왕정이 가장 먼저 무너진 곳은 아이러니하게도 해상권을 장악하고 유럽을 제패
할 정도로 막강했던 영국에서였다. 의회를 무시하고 일방적인 권력 행사를 하려던 국왕
에 맞서 1642년에 청교도 혁명이 일어났다. 중소 지주들과 부르주아지 세력이 연합해 일
어난 혁명으로 국왕은 처형되었고 공화정이 수립되어 정치적, 제도적 자유를 추구하려
고 했다. 하지만 크롬웰의 독재로 다시 왕정복고가 이루어졌는데, 또 다시 제임스 2세의
전횡이 일어나자 막강한 힘을 지녔던 의회가 나서 제임스 2세를 폐위하고 의회의 권한을
명기한 '권리장전'을 승인하게 해서 영국은 입헌 군주제 국가로 탈바꿈했다.

18세기에 들어오면 이런 경향은 다른 국가들에도 나타나기 시작했는데, 그 이론적 바

탕을 이룬 것이 계몽사상이었다. 계몽사상이란 인간이 지닌 이성의 힘과 이성에 의한 인간의 진보를 믿는 사상으로 낡고 모순된 구체제와 미신을 타파하자고 주장했다. 특히 계몽사상가들은 기독교의 맹신주의에 비판적이었으며 신분 질서로 유지되는 봉건적 관습에도 부정적이었다. 프랑스의 볼테르 등이 중심이 된 계몽사상가들은 자신들의 사상을 전파하려고 다양한 책을 출간하고 보급해 민중 계몽에 적극적으로 나섰다. 이렇게 계몽사상이 널리 퍼져 나가면서 프랑스를 비롯한 곳곳에서는 절대 왕정에 대한 비판과 저항이 늘어났다.

이 시기 동아시아에서도 왕권 강화 작업이 추진되고 있었다. 동아시아는 유럽과는 달리 일찍부터 전제적인 왕권이 성립해 있었다. 관료 조직은 잘 정비되어 있었고 국왕의 명령이 있으면 언제나 동원할 수 있는 상비군도 존재했다. 그럼에도 왕권 강화 작업이 추진된 것은 새로운 정권이 출범했기 때문이다.

중국의 경우 청나라가 중국의 새로운 주인이 되자 내부적 안정을 추구하기 위해 황권 강화에 나섰다. 이런 청나라 정권의 노력은 강희제와 옹정제 시절을 거쳐 황제 독재권이라는 형태로 나타났다. 황제 외의 모든 백성은 평등하다는 생각을 바탕으로 황제에게 권력이 집중되게 한 것이다. 청나라 정권이 이렇게 황제권 강화에 나선 직접적인 원인은 중국의 실질적인 지배 세력인 신사층을 복속시키기 위한 것이었다. 지방에 거주하든 중앙 정계에 진출하든 신사는 중국 사회의 여론을 이끌고 경제적, 정치적으로도 막강한 영향력을 행사했다. 이들을 제대로 제어하는 것이야말로 청 정권의 존립과 연결된 만큼 초기 청나라의 황제들은 권력 강화를 시도했던 것이다.

일본에서도 새로이 도쿠가와 막부가 성립하면서 쇼군들이 권력 강화를 시도했다. 도쿠가와 이에야스가 도요토미 가문을 물리치고 쇼군이 되었지만 지방에는 군사력을 가진 지방 영주인 다이묘들이 건재한 상황이었다. 이를 타파하기 위해 이에야스와 그 후계자들은 다이묘들의 세력 약화를 시도했고 쇼군 직속의 상비군을 강화했다. 이렇게 해서 지방의 다이묘 세력을 제압하고 중앙 집권에 성공하자 쇼군은 천황을 대신한 실질적인 통치자로 군림하면서 막강한 권력을 지니게 되었다.

그런데 유럽과 동아시아 모두 왕권 강화라는 비슷한 정치 현상이 일어났음에도 그 과정과 결과는 크게 달랐다. 유럽에서는 시민 계급이 절대 왕정의 후원 아래 성장했고, 이들은 다음 시기 절대 왕정을 무너뜨리고 시민의 시대를 건설하게 된다. 반면 동아시아의 경우 다음 시기를 주도할 주체 세력을 형성하지 못하는 바람에 왕권이 다시 약화되자 권력은 기존 정치 세력에게 돌아갈 수밖에 없었다. 이 차이로 인해 그동안 유럽에 비해 상대적인 우위를 점했던 동양은 세계사의 주역 자리를 유럽에게 내주어야 했다. 유럽이 근대 시민 사회를 맞으며 비약적인 발전을 이루고 동양으로의 진출을 꾀하고 있을 때, 동양의 각국은 변화에 대한 능동적인 대처하지 못해 도리어 쇠락의 길로 접어들었던 것이다.

조선에서도 왕권 강화가 진행되다

동서양에서 왕권 강화가 일어나던 시기에 조선에서도 동일한 시도가 있었다. 붕당 정치가 강화되면서 신권이 강화되자 국왕이 신하들을 견제하고 왕권 강화를 추구했던 것이다. 조선에서 본격적으로 왕권 강화에 나선 임금은 숙종(재위 1674~1720)이었다. 숙종은 집권당을 수시로 교체하는 환국 정치*를 통해 비대해진 붕당 세력을 견제하고 왕권을 강화하고자 했다. 하지만 환국 정치는 붕당 간의 대립을 격화시키는 측면도 있어서 정치적 갈등을 조장하는 부작용을 낳았다.

붕당의 폐해를 잘 알고 있던 영조(재위 1724~1776)와 정조(재위 1776~1800)는 이러한 폐해를 극복하고자 붕당에 상관없이 능력 있는 인재를 선발하는 탕평책을 시행했다. 탕평책으로 붕당 간의 갈등은 조정되고 정치도 어느 정도 안정을 찾게 되자, 영조와 정조는 다양한 개혁 정책을 추진했다. 17세기 후반 이래 조선 사회에서 나타나고 있던 문제점을 시정하여 민중들의 생활을 개선시키기 위한 조치들이었다. 영조 시대에 시행한 균역법이나 정조가 단행한 금난전권의 폐지 등은 이런 개혁의 대표적인 사례였다. 균역법이란 당시 백성들에게 군역을 면제하는 대신 내게 하던 군포를 2필에서 1필로 줄인 법인데, 모자란 재원은 유력 양반들에게서 선무군관이라는 명목으로 보충했던 제도이다. 이는 백성들에게 주어진 과도한 군포 부담을 줄이고 양반들에게도 부담을 담당하게 한 민생 안정 정책이었다. 금난전권이란 관공서에 필요한 물품을 공급하는 대신 시장에서의 독점권을 지닌 시전 상인들이 상업의 발달과 더불어 개별적인 상업 행위를 하는 사상들이 늘어나자 이를 단속하게 한 권리를 말한다. 금난전권은 상업 발달을 가로막는 역할을 했는데, 정조가 이를 혁파해 상공업 발전을 촉진시키고 백성들의 생활 안정에도 도움을 주었다. 정조는 또한 왕권을 강화하고자 세종의 집현전을 본받아 규장각을 설치하고, 서얼 출신이라도 능력이 있으면 기용했다. 이와 더불어 왕권 강화에 필수 요소인 왕의 친위 부대로 장용영을 만들고, 새로운 정치 경제의 중심 도시로 화성을 신축하는 등의 조치를 통해 자신의 구상을 펼치려 했다.

조선에서 추진된 영·정조 시대의 왕권 강화와 개혁 정치는 유럽과는 달리 진보적인 세력을 키우지는 못했다. 당시 상공업의 육성과 토지 제도의 개혁을 통해 조선 사회를 변화시키려던 실학파가 등장해 전반적 개혁을 요구하고 있었다. 실학은 실질적인 현실에 맞게 정책을 펴야 한다는 실사구시를 내세운 학문인데, 청나라에서 등장한 고증학 등의 영향으로 탄생했다. 고증학은 설사 공자의 말이라도 철저한 검증을 거쳐 그것이 사실 인지를 확인해야 한다는 주장을 내세웠는데, 명분론에 치우친 성리학을 비판한 학문이 었다.

　실학은 크게 보면 토지 제도의 개선을 통해 자작 농민을 육성해야 한다는 경세치용 학 파와 상공업의 진흥과 무역의 활성화를 통해 국부를 늘려야 한다는 이용후생 학파(북학 파)로 대별되는데, 모두 조선 사회가 안고 있던 제반 문제의 개혁을 주장했다. 하지만 실 학자들 대다수가 당시 집권 세력인 노론보다는 세력이 미미한 남인 계열이어서 현실적 으로 이들의 주장이 수용되기는 어려운 상황이었다. 더구나 실학자들에게 우호적이던 정조마저 성리학적 명분론을 더 신뢰하고 있었기 때문에 왕의 후원도 기대하기 힘들었 다. 사실 실학을 받아들이고 상공업 진흥과 민생 안정을 이룩했다면 이후 조선의 역사는 다른 길로 갔을지도 모른다. 그러나 영·정조의 개혁은 여전히 유교적 민본주의에 바탕 을 두고 있었을 뿐 역사 발전의 방향으로 나아가지 못했다. 영·정조 시대의 개혁은 신권 을 견제하고 왕권을 강화하는 데에만 초점이 맞추어져 있었다. 이런 한계로 인해 정조가 갑작스럽게 세상을 떠나자 그나마 개혁도 중단되고 세도 정치라는 파행적인 정치 운영 으로 이어졌던 것이다.

실학의 두 갈래 흐름

	경세치용 학파	이용후생 학파(북학파)
주장 이론	지주제 부정 토지 재분배 사농일치제 관료 정치 수입의 근원 – 농업	지주제 긍정 농업의 전문화, 상업화, 기술 개발 신분제 철폐 전문 직업화 수입의 근원 – 상공업
학자들	유형원, 이익, 정약용, 박세당, 홍만선, 서유규	유수원, 박지원, 박제가, 홍대용, 이덕무

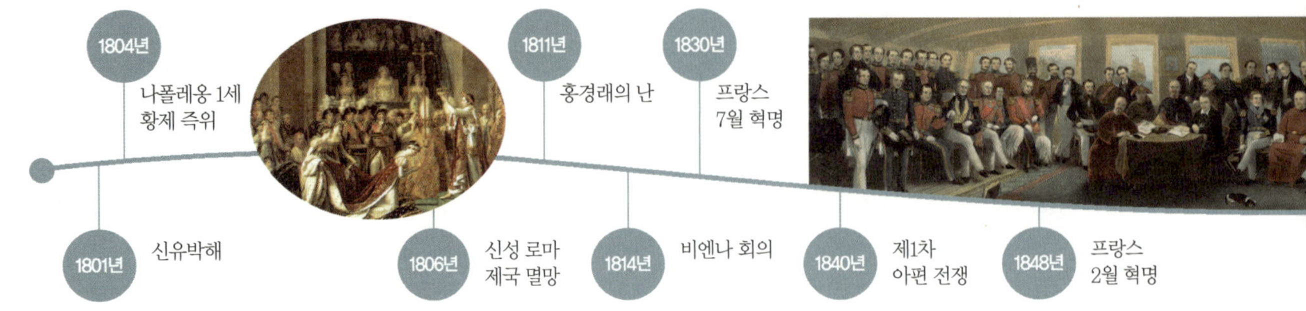

대항해 시대와 한국 근세사
혁명의 시대와 조선의 선택

1801년~1876년

혁명의 시대가 근대를 완성하다

18세기 후반부터 19세기 전반에 걸쳐 서양 세계는 시민 혁명의 시기를 맞이했다. 절대 왕정을 통해 성장한 부르주아지 세력이 절대 왕정이 지키려던 구질서에 쐐기를 박고 스스로 권력의 중심으로 등장한 것이다. 가장 먼저 시작된 것은 미국의 독립 전쟁(1776~1783)이었다. 이 전쟁은 식민지 아메리카와 영국 간의 단순한 독립 전쟁이 아니라 자유와 민주주의를 향한 혁명이었다. 전쟁의 발단은 영국이 자치적인 식민지에 일방적으로 세금을 부과하면서 일어났지만 "대표 없는 곳에 과세할 수 없다."라는 말이 의미하듯 시민적 권리가 쟁점이었다. 세계 최강의 군대를 자랑하던 영국을 물리치고 아메리카 식민지는 미합중국으로 독립했고 정치 체제 역시 민주주의와 시민적 자유를 보장하는 민주 공화정을 채택했다.

1789년에 일어난 프랑스 혁명은 세계 역사의 진로를 바꾸어 놓은 사건이었다. 프랑스 혁명의 발단은 전제적이고 신분 차별적인 왕과 귀족 계급의 구체제가 지닌 모순 때문이었다. 프랑스는 제1 신분인 성직자, 제2 신분인 귀족 그리고 제3 신분인 일반 국민으로

구분되는 신분제 사회였고, 전체 인구의 4%에 불과한 성직자와 귀족이 전체 토지의 30% 이상을 차지하고도 세금을 내지 않는 불평등 사회였다. 그런데 프랑스의 절대 왕정은 전성기였던 루이 14세 말부터 재정 위기에 처해 있었다. 무리한 대외 확장과 왕실의 사치로 인한 것이었다.

루이 16세 시절 역시 이런 상황은 마찬가지였는데, 자연 재해로 대다수 국민들은 기아에 시달리고 있음에도 프랑스 정부는 재정 적자를 메울 목적으로 또 다시 제3 신분에게 세금을 추징하려고 했다. 이에 분노한 제3 신분은 부르주아지 세력이 중심이 되어 신분제 철폐와 시민적 자유를 주장하며 저항했는데, 정부는 이를 강경 진압하려고 했다. 군대를 동원해 학살을 계획한다는 소문이 돌자 파리에서는 혁명의 불길이 치솟아 결국 절대 왕정은 무너지고 말았다. 루이 16세와 왕비는 단두대에서 처형되었고 공화정이 선포되었다. 그러나 미처 준비가 되지 않은 혁명의 여파로 혁명 정부는 분열되어 혼란을 거듭하는 바람에 권력은 나폴레옹에게 넘어가고 말았다. 나폴레옹은 황제가 되어 유럽을 제패하려 했지만, 아이러니하게도 그의 대외 정복 과정에서 자유와 민주주의라는 이념이 유럽 곳곳으로 전파되는 계기가 되었다.

프랑스 혁명으로 유럽은 중세적인 질서를 벗어나 근대적인 시민 사회로 진입하는 전기를 마련했다. 14세기 말 르네상스에서 시작된 중세에서 근대로 가는 기나긴 과정이 프랑스 혁명으로 일단락된 셈이다. 프랑스 혁명을 계기로 부르주아지는 유럽 사회의 새로운 지배 세력으로 등장했고 이제 시민적 자유와 민주주의는 유럽을 이끄는 시대정신이 되었다.

프랑스 혁명으로 유럽 사회가 들끓고 있을 때 대륙 건너편의 영국에서는 또 다른 혁명의 기운이 꿈틀거리기 시작했다. 18세기 후반까지 영국은 유럽의 최강국으로 발돋움해 곳곳에 식민지를 거느린 대영 제국으로 발전했다. 영국은 정치적으로는 일찍이 시민 혁명을 거쳐 입헌 군주제가 정착되었고 이런 정치적 안정을 바탕으로 각종 기술과 산업의 발전을 꾀할 수 있었다.

영국에서는 식민지나 대외 교역을 통해 축적된 자본을 바탕으로 면방직 공업을 비롯한 각종 기계 공업이 발달하게 되자 대량 생산 체제로 전환하게 되었다. 이른바 산업 혁명이 일어난 것이다. 방적기와 방직기의 개발과 증기 기관의 발명 그리고 증기선이나 증기 기관차의 개발 등으로 기술 혁신과 운송 수단의 발전이 이루어지면서 사회 전반에 걸쳐 이제까지와는 확실하게 다른 변화가 일어났다. 수공업 체제가 공장제 공업 체제로 전환되자 자본가와 노동자라는 새로운 계급이 등장하게 되었고, 자본가는 사회의 중심 세력으로 확고하게 자리 잡게 되었다. 자본주의 사회가 본격적으로 가동되기 시작한 것이다. 이런 영국의 변화는 곧바로 프랑스 등 다른 나라들을 자극했고, 이들 나라의 부르주아지 또한 자본이 지배하는 세상을 향해 거침없이 나아갔다. 시민 민주주의는 이들에게 정치권력의 장악을 보장하는 제도였고 선거와 투표를 통해 자본가가 후원하는 정치가들이 등장하기란 어려운 일이 아니었다.

이렇게 유럽은 시민 혁명과 산업 혁명을 거치면서 민주주의와 자본주의로 대변되는 근대 사회로 들어섰다. 근대 사회는 이전까지의 사회와 달리 인간의 존엄과 자유 그리고 대량 생산을 통한 기아로부터의 해방을 약속하는 듯이 보였다. 그런 의미에서 근대는 신이 아닌 인간이 스스로의 힘으로 모든 문제를 해결할 수 있다는 희망을 준 시대였다. 하지만 근대 사회의 새로운 지배자로 떠오른 자본가들은 대다수 국민이 원하는 방향으로 나아가지 않았다. 그들은 구체제의 귀족들처럼 자신들을 특권 계급으로 보았고 열악한 노동 환경에서 장시간 노동에 시달리는 노동자들의 고통을 보려고 하지 않았다.

그보다도 더 참혹한 것은 식민지 민중이었다. 인종적 차별과 무차별한 수탈 앞에서 그들은 인간이 지녀야 할 최소한의 가치도 없는 노예처럼 취급되었다. 더욱 문제가 된 것은 자본주의 국가 상호 간의 경쟁이 치열해지면서 앞다투어 식민지 확보에 나서자 서로 우호적인 국제 질서가 아니라 지배와 피지배의 관행이 일반화된 점이다. 이렇게 되면서 선진국과 후진국 그리고 유럽과 아시아·아프리카 사이에는 적대 전선이 형성되었고 제국주의*라는 괴물의 등장을 예고하고 있었다.

이 시기 동아시아 국가들은 약속이나 한 듯 쇠락의 길을 걷고 있었다. 지배층의 부패와 타락이 만연하고 지배층의 착취에 견디다 못한 민중들의 반란이 꼬리를 물고 일어났다. 중국에서는 만주족(청나라)을 타도하자는 국가 전복 운동도 등장했다. 일본이나 조선 역시 이런 상황은 마찬가지였다. 지배층의 부패와 사치는 극에 달했고 곳곳에서는 민란이 일어나고 있었다. 밖에서는 서양 자본주의 세력들이 새로운 상품 시장을 찾아 본격적으로 밀려들었음에도 동아시아 국가들은 이 위협을 분명하게 인식하지 못한 데다가 내적 혼란으로 제대로 대처할 힘도 없었다.

이미 야수로 변한 자본주의 열강들이 거대한 시장 중국에 눈독을 들이는 것은 당연했다. 한발 앞서 자본주의 체제를 완성하고 상품 시장을 찾던 영국은 중국에서의 무역 적자를 메꾸고자 아편을 판매했는데, 청나라 정부가 개입하자 이걸 빌미로 프랑스 등을 끌어들여 두 차례 아편 전쟁을 일으켰다. 참담하게 패배하면서 청나라는 막대한 배상금에다 불평등 조약까지 맺어 시장을 개방해야 했다. 이런 상황에서 1851년는 태평천국의 난*까지 일어나면서 청나라는 그 한계를 고스란히 드러내고 말았다.

조선, 내우외환으로 흔들리다

정조 사후 조선에서는 세도 정치가 시작되었다. 세도가들은 과거를 통해 정계에 진출한 후 고속 승진을 하여 권력의 핵심 기구 비변사*에 들어가 정국을 좌지우지했다. 세도가들은 지방관들도 자신들과 친분이 있는 사람들을 기용하거나 돈으로 파는 등 온갖 부정을 자행했다. 지배층의 수탈에 그대로 노출된 민중들의 불만이 쌓여 갔고 그러한 불만은 결국 1862년 임술민란으로 폭발되었다. 이 무렵 이양선이 출몰하면서 조선에도 서양 자본주의 열강의 접촉 시도가 있었다. 그러나 세도 정권은 서양 세력을 잠재적인 침략 세력으로 규정하여 접촉을 일절 차단하고 이미 아편 전쟁으로 그 허약함이 만천하에 드러난 청나라에 의존하는 데 급급했다. 그들은 냉엄한 국제 현실을 직시하지 못한 채 도리어 중국이 서양 세력을 충분히 제압할 수 있을 것이라 생각했던 것이다.

1863년 고종이 즉위하면서 흥선 대원군이 정권을 장악했다. 그는 세도 정치의 문제점을 직시하고 대응책을 마련해야 했지만 이러한 과제를 충실히 수행할 만한 역량이 없었다. 오로지 성리학적 이념에 입각한 왕권 강화에만 관심이 있어서 서원 철폐나 삼정의 정비 등 초기에 취한 사회적인 개혁 조치도 빛을 잃어 갔다. 더구나 그의 결정적인 실책은 서양 세력을 적대적으로 보고 그들과의 교섭을 차단한 데다가 척화책으로 일관했다는 점이다. 1866년의 병인양요와 1871년의 신미양요로 서양 세력의 조선 침략이 본격화되고 있는데도 그는 겨우 물리친 양요에 고무되어 전국에 척화비를 세우면서 우물 안 개구리처럼 큰소리를 치고 있었다. 그러나 19세기 후반 제국주의 세력의 대외 팽창이 본격화되자 조선은 상황을 오판한 데 따른 혹독한 대가를 치러야 했다.

태평천국의 난
1851년 홍수전은 상제회라는 종교적 비밀 결사를 조직해 농민 반란을 일으켰는데, 태평천국 세력은 '멸청홍한(청나라를 멸망시키고 한족의 국가를 다시 부흥시킨다)' 는 구호를 내걸고 중국 광시 성에 나라를 세웠다. 청나라의 지배에 항거하고, 기독교의 평등사상과 토지의 균등 분배 등을 바탕으로 한 이상 국가를 세우고자 했으나, 1864년 내부의 분열과 중국번 ·이홍장 등이 이끄는 한인 지주층인 신사의 의용군이 나서고 외국군의 힘까지 빌려 진압할 수 있었다. 태평천국 운동은 청나라 정부가 이제 자력으로는 내부 반란에도 제대로 대응할 수 없다는 사실을 확인시켜 준 사건이다.

비변사
1517년(중종 12년) 변방의 군사 문제를 논의하기 위해 임시 기구로 설치되었다가 1555년(명종 10년) 상설 기구로 승격되었다. 임진왜란을 계기로 의정부의 기능을 대신하는 기구로 발전해 국정 전반을 총괄하는 정부의 최고 기관으로 기능했다. 세도가들이 이 기구를 장악하고자 했던 것은 왕을 무력하게 만들고 인사권을 마음대로 휘두를 수 있었기 때문이다.

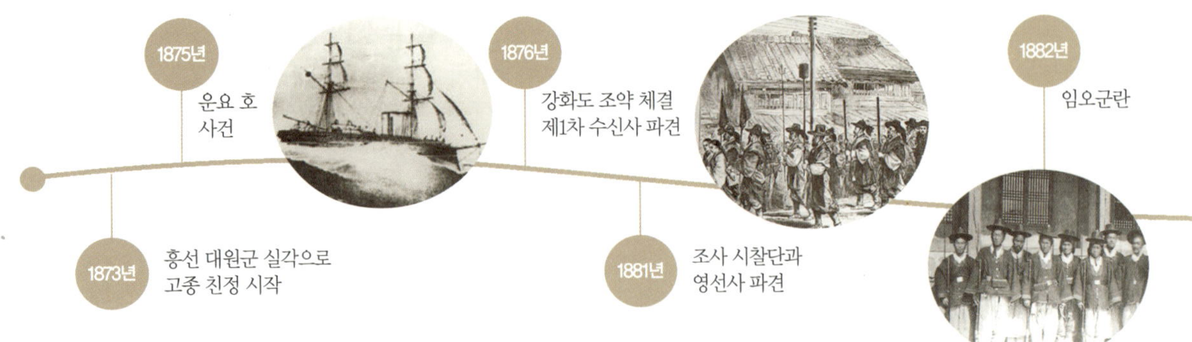

1부

제국주의의 발호와 한국 근대사

서세동점과 조선의 개항

1873년~1882년

제국주의, 서세동점의 시대를 열다

1차와 2차 두 차례에 걸쳐 진행된 산업 혁명*을 통해 유럽 사회에는 자본주의 체제가 확립되고 비약적인 생산력의 발전이 이룩되었다. 18세기 후반부터 영국이 가장 먼저 시작했고, 프랑스와 미국이 그 뒤를, 독일과 러시아가 19세기 후반에 산업 혁명을 이루었다. 하지만 자본주의 체제의 발전은 대량 생산에 따른 무한 경쟁을 유도하는 것이기도 했다. 자본주의 각국은 서로 경쟁 관계에 들어가면서 자국의 산업을 지키려고 보호 무역주의를 채택했고 상품 시장과 원료 공급지를 확보하려는 경쟁에 나섰다. 그리고 이 경쟁은 평화로운 것이 아니라 무력을 동원한 식민지 확보 전쟁으로 이어졌다. 영국, 프랑스, 미국 등 선진 자본주의 국가들은 본격적으로 후진적인 국가들을 침략하기 시작했다. 이른바 제국주의 시대가 개막된 것이다. 19세기 후반에 이르면 독일과 러시아 등 후발 자본주의 국가들 역시 이 대열에 합류하기 시작했다. 이로써 세계는 자본주의 국가 상호 간 그리고 식민 모국과 식민지 간의 다툼과 전쟁으로 물들어 갔다.

이 과정에서 아프리카와 동남아시아 상당수 지역은 식민지로 전락했고 그 여파는 동아시아로 밀려왔다. 이른바 서양 세력의 동양 진출, 서세동점이 본격적으로 시작된 것이다. 17세기까지 세계 최강국이던 중국은 1842년 영국과의 아편 전쟁에서 패배해 난징 조약을 맺고 굴욕적으로 문호를 개방했다. 일본도 1854년 미국의 흑선 앞에 무릎을 꿇고 자발적으로 문을 열었다. 조선만이 이 영향권에서 벗어날 수 있다는 것은 이제 환상일 뿐이었다. 세계는 이미 제국주의 국가들의 상호 경쟁과 식민지 쟁탈전으로 크고 작은 전쟁의 소용돌이로 빠져들었고 제국주의 국가들은 자기 나라의 이해를 관철시키기 위해 무슨 짓이든 할 각오가 되어 있었다. 인간에 대한 무한한 믿음과 경제적 풍요로 상징되는 근대가 전쟁과 갈등, 인간의 억압과 착취라는 자기모순에 빠진 것은 역사의 아이러니가 아닐 수 없다.

조선, 개항을 강제당하다

1863년 흥선 대원군이 집권한 이후 조선은 강력한 쇄국의 깃발을 들어 올렸다. 그러나 흥선 대원군이 유생들의 반발로 권력에서 물러나고 1873년 고종이 직접 정치를 시작할 무렵에는 조선 또한 개항이라는 문제를 피할 수 없게 되었다. 그리고 1875년 일본에 의해 운요 호 사건이 발생했다.

일본은 개항 이래 1868년 메이지 유신*을 통해 자주적인 근대화에 성공했지만 급속한 근대화 과정에서 여러 문제점이 나타나고 있었다. 외국 상품의 유입과 수입 초과로 서민들은 물가고에 시달렸고 농민들에게서 지대를 받아 살아가던 하급 무사층 역시 쌀값이 떨어져 생활고에 시달렸다. 이렇게 내부적인 불만이 팽배해지자 일본 정부는 이를 해결하는 방안으로 조선을 침략하고자 했는데, 이를 뒷받침한 것이 정한론이었다. 정한론이란 일본과의 통상에 응하지 않는 쇄국적인 조선을 군대를 동원해 정벌하자는 주장이었다. 이러한 배경을 바탕으로 일본은 군함 운요 호를 강화도 앞바다로 보내 조선을 위협한 다음 조선 정부에 개항을 강요했다. 일본의 군함을 대적할 힘이 없었던 조선 정부는 1876년 강화도 조약을 맺어 일본과 통상 관계를 맺었다. 하지만 이 조약은 미국이 일본에게 그랬듯이 치외법권 등을 포함하는 불평등 조약이었다.

일본에 이어 미국, 영국, 독일, 러시아, 프랑스 등의 열강들과 통상 조약을 맺으면서 조선은 세계 자본주의 체제에 강제로 편입되었다. 이렇게 되자 조선 사회는 미처 근대화가 진행되지 않은 상황에서 자본주의 열강과 교역을 할 수밖에 없었다. 하지만 이 교역은 처음부터 농업 국가 조선에 불리한 농산품과 공산품의 교역이자 불평등한 외교 관계에 의해 강요된 일방적 교역이기도 했다. 이제 조선 농민과 상공업자들은 세계 자본주의 체제 앞에 무방비로 노출되었고, 그에 따라 조선 왕조 또한 심각한 위기 상황을 맞았다.

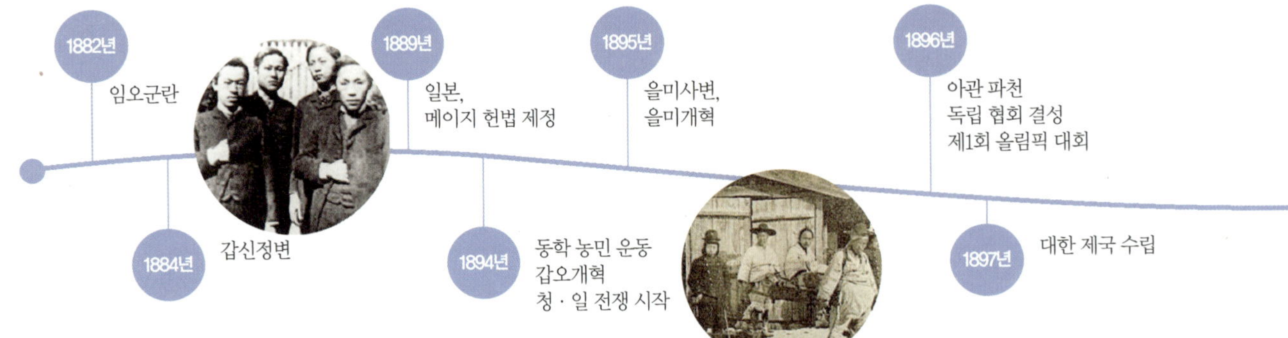

제국주의의 발호와 한국 근대사
아시아의 근대화와 조선의 마지막 불꽃

1883년~1910년

동아시아의 근대화

선발 자본주의 열강의 동아시아 진출 과정에서 영국과 미국에게 강제로 개항당한 중국과 일본은 자주적인 근대화의 필요성을 절감하고 이를 위한 노력을 전개했다. 먼저 중국은 양무운동을 통해 중국의 사상과 제도는 지키면서 기술만 받아들이자는 '중체서용론'을 내세우며 근대화 정책을 추진했다.

양무운동의 중심은 태평천국의 난을 진압하는 데 앞장섰던 한족 지주였던 신사 출신의 관료들이었다. 중국번, 이홍장과 같은 한족 관료들은 청나라 정부의 실권을 쥐고 있던 공친왕과 손잡고 군수 공장을 비롯해 전국에 근대적인 기업을 설립했다. 그러나 양무운동은 1862년부터 30여 년 동안 지속되었음에도 추진 세력의 정치적 기반이 취약한 데다가 강력한 중앙 집권적 권력이 존재할 수 없는 상황으로 인해 근대화에 반대하는 보수파의 등장으로 흐지부지되고 말았다. 결국 정치 체제를 바꾸지 않고 경제적인 개혁만을 추진했던 양무운동은 일본과 벌인 청·일 전쟁의 패배로 실패했음을 자인하고 만다.

보수 권력이 있는 한 자주적 근대화가 어렵다는 사실을 깨달은 강유위 등의 청나라 개

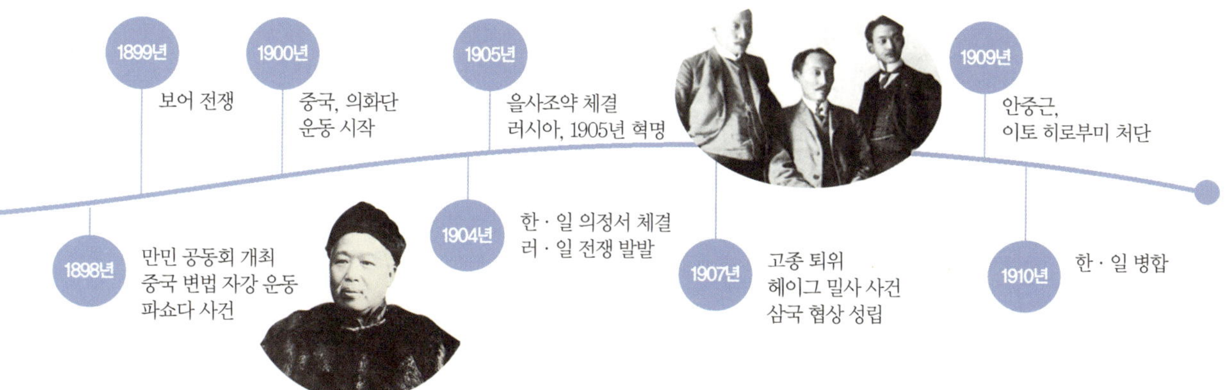

혁 세력은 이번에는 황제인 광서제(재위 1874~1908)의 후원 아래 입헌 군주제로 바꾸려는 변법자강 운동을 추진했다. 그러나 이 운동마저도 서태후를 비롯한 보수 세력의 쿠데타로 실패하고 말았다. 보수 세력은 입헌 군주제가 되면 자신들의 권력이 약화될 것을 우려해 반동적인 군사 정변까지 일으켰던 것이다.

이로써 중국은 자주적인 근대화의 길이 완전하게 막히게 되었고, 서양 열강은 보수 세력을 조종해 각종 이권을 챙겨 갔다. 서양의 상품이 쏟아져 들어오고 광산이나 산림 등의 자원이 열강에게 넘어가자 무술을 수련하던 비밀결사였던 의화단이 일어나 중국 민중의 반기독교, 반제국주의 감정에 불을 지폈다. 외국 공사관이나 교회, 심지어 철도나 공장 등 외국인에 대한 무차별 공격이 진행되자 영국 등 중국에 진출한 8개국은 연합군을 결성해 의화단을 진압했다. 그리고 의화단 사건을 빌미로 엄청난 배상금을 포함, 베이징 등 주요 도시에서의 군대 주둔까지 요구했다. 이제 중국은 열강이 분할 지배하는 식민지로 전락할 위기를 맞았다. 다행히 열강 사이의 이해 대립으로 청나라는 존속할 수 있었지만 식민지로 전락할 수 있다는 위기감은 중국 지식인 사회에 좀 더 근본적인 개혁의 필요성을 제기했다. 그리고 이런 주장은 자연스럽게 청나라의 타도와 공화정의 수립이라는 새로운 운동을 일으키는 계기가 되었다.

개항 이후 일본은 메이지 유신으로 봉건적인 지방 분권 체제를 없애고 중앙 집권 체제를 확립했다. 메이지 정권은 헌법 개정을 통해 봉건제를 폐지하고 입헌 군주제로 전환하는 한편 각종 산업에 대한 지원 정책을 통해 압축적인 근대화를 추진했다. 특히 선발 선진국을 따라잡고자 정부가 앞장서서 근대적인 산업화에 주력했다. 이때 중점으로 추진한 산업이 군수 산업과 방적, 해운 등의 산업 분야였다. 군수 산업이 발전하면서 일본은 근대적인 병기와 군대를 갖추게 되었고 정부의 관영 산업이 어느 정도 안정되자 민간 자본을 육성하고자 저렴하게 민간에 불하하기도 했다. 이렇게 메이지 유신을 통해 근대적인 국가 체제와 산업 육성에 성공했지만 일본은 여전히 후발 자본주의 국가였다. 일본 제품은 해외에서 영국이나 미국 등 선발 자본주의 국가의 상품에 밀리고 있었고, 국내에서도 매년 무역 적자에 시달렸다. 더구나 선진국의 다양한 상품이 들어오고 공업 제품의 생산이 본격화되자 농업이나 수공업 등에 종사하는 일반 국민들이나 쌀로 급여를 받아 생활하던 하급 무사층은 물가고에 시달려야 했다.

물가가 치솟고 생활이 어려워지자 근대화 과정에서 소외된 하급 무사층이나 국민들의 불만이 점차 높아졌다. 이렇게 안팎의 곤란에 처하자 일본 정부는 이들 불만 세력을 무마하는 한편 식민지 확보를 통해 상품 시장을 개척할 목적으로 대외 침략 정책을 추진했다. 대외 침략에 나선 일본은 조선을 일차 목표로 삼았다. 일본은 조선을 강제로 개항시킨 다음 조선에 대한 종주권을 주장하는 청나라와는 청·일 전쟁을 통해, 조선에서의 패권을 호시탐탐 노리던 러시아와는 러·일 전쟁을 통해 조선 지배의 우선권을 확보했다. 이제 일본의 다음 순서는 조선을 식민지로 만드는 일뿐이었다.

조선, 자주적 근대화에 실패하다

강화도 조약 이후 제국주의 세력이 밀려오자 조선 또한 생존을 위해 자주적 근대화를 위한 여러 조치를 취했다. 조선 정부는 신식 군대와 기기창을 설치하는 등 근대화 작업에 힘을 기울였다. 그러나 조선의 내부 사정은 자주적 근대화를 적극적으로 추진하기에는 여러모로 복잡했다. 민씨 외척 세력이 권력을 장악한 상태에서 추진한 개화 정책은 외척들의 비리나 특혜 등으로 활발하게 진행될 수 없었고, 위정척사파를 비롯한 개화 반대 세력 또한 여전히 권력의 한 축을 이루고 있었다. 여기에 외국 상품의 유입과 쌀의 일본 유출로 물가고에 시달리던 백성들의 불만 또한 고조되고 있었다. 이렇게 되자 조선 민중의 입장에서 개화는 외세에 대한 의존으로 비칠 수밖에 없었다. 더구나 조선에서의 기득권을 고수하려는 청나라와 조선을 차지하려는 일본 두 세력이 번갈아 조선의 내정에 간섭하면서 조선의 자주적 근대화는 점차 퇴색될 운명에 놓이게 된다.

이런 와중에 구식 군대에 대한 차별과 외척 세력의 비리로 1882년 임오군란이 일어났다. 임오군란으로 흥선 대원군이 복귀하면서 개화 정책은 전면 폐지되었고 상황은 다시 과거로 되돌아가는 듯했다. 그러나 청나라가 군대를 파견해 간섭하면서 흥선 대원군은 청나라로 끌려가는 수모를 겪었고, 자주적 근대화 정책은 모두 청의 이해관계에 맞추는 정책으로 변질되었다. 여기에 일본까지 대사관 보호를 핑계로 군대를 파견하자 조선 정부의 입지는 설 자리가 없게 되었다.

청나라의 간섭이 있자 민씨 외척 세력은 이번에는 청나라에 기대어 개혁보다는 자리 보전에 급급했다. 이렇게 되자 일본을 근대화의 모델로 삼고 있던 급진 개화파는 1884년에 갑신정변을 일으켜 일본의 지원 아래 자주적 근대화를 추진하고 했다. 그러나 준비가 완전하지 않은 상태에서 추진된 데다가 일반 백성들의 지지나 일본군의 지원도 없게 되면서 갑신정변은 삼일천하로 끝나고 다시 조선은 청나라의 영향력 아래 들어갔다. 갑신정변은 조선의 지배 계층이기도 했던 개화 세력이 위로부터의 자주적 근대화를 이루려던 마지막 시도라고 해도 과언이 아니다. 비록 실패로 끝나기는 했으나 갑신정변 주도 세력이 추진하고자 했던 입헌 군주제나 근대적 산업의 육성 등 개혁의 방향은 올바른 것이었다.

갑신정변 이후 조선의 정세는 열강의 본격적인 개입으로 더욱 불투명해졌다. 러시아와 수교하자 이를 견제할 목적으로 영국이 거문도를 점거하는 등 조선은 점차 열강의 각축장으로 되었다. 이렇게 외적인 상황이 매우 위급했음에도 조선 정부는 부패와 무능에 가득 찬 상태였다. 더구나 대다수가 농민인 조선 백성들은 이중고에 시달리고 있었다. 개항과 더불어 세계 자본주의 체제로 편입되면서 조선은 미면 교환 체제에 들어가 있었다. 쌀과 면제품의 교환을 말하는 미면 교환 체제는 그 자체로 농업 국가 조선의 일방적 손실을 전제로 하는 것이었다. 또한 무제한에 가까운 쌀의 해외 유출로 백성들은 물가고와 기아에 시달려야 했다. 여기에 봉건적인 지주·소작 제도를 기반으로 하는 조선의 지배 체제는 농민들을 벼랑으로 몰아붙였다. 지주인 양반층의 가혹한 소작료는 50퍼센트를 넘어서고 있었고, 돈을 주고 벼슬을 산 지방의 수령들은 온갖 명목으로 농민들의 등골을 빼먹고 있었다.

내외의 이중고에 시달리던 농민들은 마침내 1894년 동학 농민 운동으로 들고 일어났다. 농민군이 파죽지세로 전주 감영까지 장악하면서 기세를 올리자 다급해진 조선 정부는 청나라에 손을 벌렸다. 청나라가 파병하자 이번에는 일본까지 군대를 보내 일촉즉발의 전운이 감돌았다. 외세가 개입하자 농민군 지도부도 정부와 타협해 임시 자치 기구인 집강소를 설치해 봉건적인 제도의 개혁을 추진했다. 조선에 대한 지배권을 청에 넘긴 일본은 호시탐탐 기회를 노리고 있었는데, 동학 농민 운동을 빌미로 파병하고는 곧바로 청·일 전쟁을 일으켰다. 전쟁에서 승리한 일본은 친일파로 내각을 구성하고 갑오개혁을 추진해 조선 사회를 근대적인 자본주의 체제로 전환시켜 독점적 지배권을 확보하려 들었다. 그러자 농민군은 반외세를 기치로 내걸고 재봉기했으나 일본군의 근대식 병기 앞에 무너지고 말았다. 동학 농민 운동의 실패로 조선의 자주적인 개혁은 불가능한 상태로 빠져 버렸다.

일본은 을미사변을 일으켜 러시아와 가깝던 명성 황후를 살해하는 만행마저 저질렀다. 이렇게 되자 러시아는 프랑스와 독일을 끌어들여 삼국 간섭으로 일본의 전횡을 견제하고 나섰다. 러시아와 일본의 세력 균형이 맞추어진 틈을 타서 대한 제국이 수립되었고 자주적 근대화를 위한 마지막 시도가 진행되었다. 자주 국가로서 황제를 표방하고 근대적인 학교나 산업 시설 등을 지원하는 등 대한 제국은 회생을 위해 마지막 몸부림을 쳤으나 재정 곤란으로 실질적인 효과를 내기에는 역부족이었다. 대한 제국 시기에 독립 협회는 최초의 민중 대회인 만민 공동회, 관민 공동회를 개최하는 등 노력을 기울였지만 봉건 보수 세력의 견제로 실패하고 말았다. 거칠 것이 없어진 일본은 러·일 전쟁으로 러시아마저 몰아낸 다음 1905년 을사조약을 맺어 조선을 보호국으로 만들고 실질적 식민지 지배에 나서기 시작했다. 이런 일본의 침략에 맞서 조선 민중은 애국 계몽 운동과 의병 투쟁으로 맞섰으나 일본의 강력한 탄압으로 이마저도 무산되었다. 이제 조선이 일제 식민지로 전락하는 것을 막을 힘은 어느 곳에서도 찾아보기 어렵게 되었다.

이처럼 제국주의 열강과 만난 동아시아 삼국은 각기 다른 길을 걷게 된다. 이중 일본만 자주적 근대화에 성공해 후발 자본주의 대열에 합류, 제국주의 국가로 발전했으며 조선은 식민지로, 중국은 반식민지 국가로 전락하기에 이른다.

개항에서 한일 병합까지의 사건 일지

연도	사건	내용
1876년	강화도 조약	일본의 강요에 의한 불평등 조약으로 개항
1882년	임오군란	구식 군대의 불만으로 반란이 일어나 흥선 대원군이 집권
1884년	갑신정변	급진 개화파가 정변을 일으켜 수구적인 민씨 외척 등을 죽였으나 삼일천하로 끝남
1894년	동학 농민 운동	봉건적인 지주 소작제의 모순과 미면 교환 체제에 따른 불만이 고조되어 일어난 반봉건 · 반외세 민중 운동
	청 · 일 전쟁	조선에 대한 청나라의 패권을 저지하기 위해 일본이 일으킨 전쟁
	갑오개혁	일본이 조선의 근대적 제도 개혁을 통해 조선 지배를 강화하려고 실시한 개혁 조치
1895년	을미사변	명성 황후가 일본에 협조를 않자 폭력배 등을 동원해 살해한 사건
	을미개혁	갑오개혁의 후속 조치로 3차 갑오개혁이라고도 함
	아관 파천	을미사변에 위기를 느낀 고종이 러시아 공사관으로 피신한 사건
	삼국 간섭	일본이 청 · 일 전쟁의 승리로 요동 반도 등을 차지하려 하자 러시아가 프랑스, 독일을 끌어들여 이를 저지한 사건
1897년	대한 제국 수립	대한 제국 선언과 독립문 건설, 헌법인 대한국제 등을 발표하고 자주적 근대화를 추진했으나 봉건 체제의 존속을 지향해서 비판도 받음
1898년	만민 공동회 개최	한국 최초의 민중 대회로 주로 러시아 등의 이권 침탈을 규탄했는데, 독립 협회 등 개화파 세력이 주도함
1904년	러일 전쟁	조선의 지배권을 놓고 일본이 러시아와 일으킨 전쟁으로 러시아 내부에서 혁명이 일어나 일본의 의도대로 정전함
1905년	을사조약	조선의 외교권을 박탈하고 보호국으로 규정한 조약으로, 고종의 서명이 없어서 조약으로 보기 힘든 일본의 강압적인 조치
1910년	한일 병합	조선이 완전하게 일제의 식민지 된 사건

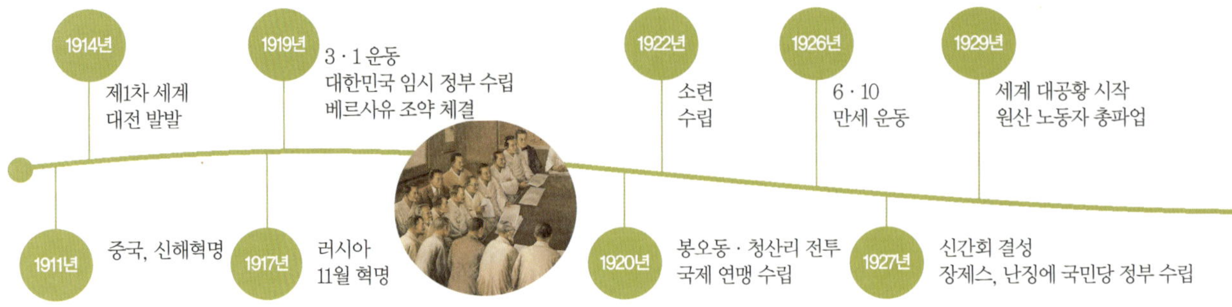

4권

3부

제국주의의 발호와 한국 근대사
전쟁으로 치닫는 제국주의와
일어서는 식민지 민중

1911년~1930년

전쟁으로 치닫는 제국주의

1870년대부터 불과 20년 사이에 제국주의 국가들은 아시아, 아프리카 등지로 진출하여 세계의 1/4을 식민지로 삼았다. 먼저 식민지 쟁탈전에 나선 국가는 영국과 프랑스였고 뒤이어 독일, 러시아, 이탈리아, 일본 등이 합류했다. 하지만 식민지로 삼을 수 있는 땅은 제한되어 있었으므로 식민지 쟁탈을 둘러싸고 선발 제국주의 국가들과 후발 제국주의 국가들 사이에는 점차 긴장이 고조될 수밖에 없었다.

이런 일촉즉발의 긴장이 감돌고 있을 때 유럽의 화약고라 불리는 발칸 반도에서는 민족 문제까지 겹쳐져 갈등의 골이 더 깊게 패이고 있었다. 같은 슬라브 족인 러시아의 후원을 받은 세르비아가 발칸 지역에서 패권을 차지하고 있던 게르만 족의 오스트리아와 보스니아 문제를 놓고 격돌하기 직전이었기 때문이다. 더구나 독일과 오스트리아, 이탈리아가 삼국 동맹을 맺어 서로 협력하고 있었기 때문에 러시아는 영국, 프랑스와 더불어 삼국 협상을 맺어 이에 대항하던 상황이었다. 이런 대치 국면에서 1914년 오스트리아 황태자가 보스니아를 방문하던 중에 세르비아 청년에게 암살되는 사건이 일어나자, 유럽 세계는 두 편으로 나뉘어 인류 역사에서 유례가 없었던 대살육의 전쟁에 돌입했다. 제1차 세계 대전이 일어난 것이다. 오스트리아의 세르비아 침공으로 시작된 전쟁은 곧이어 삼국 동맹과 삼국 협상 측의 나라들이 차례로 참전하면서 전 세계를 전쟁의 소용돌이로 몰아넣었다.

인류는 대전쟁의 참화를 맞으며 경악할 수밖에 없었고, 인간의 이성과 인류 사회의 발전에 대해서도 깊은 회의가 일어났다. 마침내 연합국의 승리로 전쟁이 끝나던 1919년 인류 앞에는 평화라는 문제가 진지하게 제기되었고 승전국들은 프랑스의 베르사유 궁전에서 회의를 열어 전후 문제를 처리했다. 이렇게 해서 태어난 것이 이후 20여 년 동안 국제 질서를 이끈 베르사유 체제이다. 베르사유 체제의 긍정적인 부분은 인류 평화를 위한 국제 연맹의 창설, 미국의 윌슨 대통령이 제창한 민족 자결주의 그리고 대중 민주주의의 확산 등이었다. 독일 제국은 패전 무렵에 일어난 혁명으로 무너져 바이마르 공화국*으로 바뀌었고, 오스트리아 또한 3개의 나라로 나뉘어 민주 공화정이 들어서는 등 유럽 전역은 대중 민주주의 체제가 대세를 이루며 확산되었다. 하지만 베르사유 체제를 이끈 나라들은 승전국들이었고 이 나라들 역시 제국주의 국가들이었기 때문에 어느 민족이나 자신의 운명을 스스로가 결정할 권리를 갖는다는 민족 자결주의 선언은 오로지 패전국 식민지에만 해당되는 반쪽짜리 선언이었을 뿐이다. 더구나 패전국에 대한 지나친 배상금 부과와 영토 분할로 독일이나 오스트리아 등 패전국은 불만을 품을 수밖에 없다는 것이 이 체제의 문제점이었다. 여기에 국제 연맹은 국제 규약을 어긴 나라에 대한 제재 수단이 경제적 봉쇄 이외에는 없었다.

1917년 제1차 세계 대전이 한창 진행되던 때 러시아에서는 혁명이 일어나 세계 최초의 사회주의 국가가 수립되었다. 레닌이 주도한 볼셰비키 혁명*으로 일어난 이 변화 또한 인류 역사에서는 한 번도 경험하지 못한 것이었다. 제국주의 국가들은 깜짝 놀라 황급하게 군대를 파견해 혁명을 와해하려 했지만 그것은 사후 약방문에 불과했다. 레닌 정권은 1918년 독일과 강화 조약을 맺고 제국주의 전쟁이라 규정한 제1차 세계 대전에서 발을 뺐을 뿐만 아니라 전 세계의 식민지 민중을 향해 민족 해방 투쟁을 적극적으로 지원하겠다고 선언했다. 이로 인해 아시아 등지의 곳곳에는 사회주의 정당이 등장하면서 민족 해방 투쟁의 중심으로 떠올랐다.

유럽에 대전쟁의 기운이 감돌던 1911년 중국에서는 신해혁명이 일어나 300년 가까이 지속된 청나라가 붕괴되고 아시아에서 처음으로 공화국이 수립되었다. 신해혁명이 일어나기 직전 청 왕조는 이미 중앙 통제력을 잃고 회복 불능 상태에 있었다. 서구 열강의 이권 침탈이 이어지면서 청 정부의 재정은 악화일로에 있었고, 지방에서는 외국 세력과 결

바이마르 공화국
제1차 세계 대전 말인 1918년, 러시아 혁명에 자극된 데다가 전황이 불리해지면서 독일에서는 혁명이 일어났다. 그해 10월 킬 항구의 수병들이 반란을 일으키자 11월에는 베를린에서도 큰 폭동이 일어나 독일 제국이 붕괴되고 공화국이 수립되었는데, 그것이 바로 바이마르 공화국이다. 바이마르 공화국은 1919년에 사회 민주당, 중앙당, 민주당이 연합 내각을 결성하고 바이마르 헌법을 제정하면서 성립되었으나, 1929년 말에 시작된 세계 공황의 여파로 1933년 나치스 정권의 수립되면서 소멸했다.

볼셰비키 혁명
볼셰비키는 러시아 어로 다수파라는 뜻인데, 1903년 제2회 러시아 사회 민주 노동당 대회에서 레닌을 지지한 급진파를 말한다. 이 용어는 소수파라는 뜻의 온건한 멘셰비키와 대립했던 데에서 나온 말이다. 1917년 러시아 3월 혁명이 일어나 케렌스키 내각이 들어섰지만 종전을 요구하는 러시아 민중의 뜻을 따르지 않자, 볼셰비키는 무력을 동원해 11월 혁명, 즉 볼셰비키 혁명을 일으켜 정권을 장악했다. 이후 볼셰비키라는 말은 러시아 사회 민주당이 이름을 바꾼 소련 공산당을 의미하는 말로 사용된다.

탁한 군벌들이 청 정부의 통제에 응하지 않고 있었다. 이런 상황에서 우창에서 신식 군대의 봉기가 일어났다. 봉기의 주도 세력은 이전부터 중국 혁명의 지도자로 있으면서 청 왕조의 타도와 공화정 수립을 추구하던 쑨원과 결합하면서 중국 남부 지역을 장악하고 중화민국을 수립하기에 이른다. 청나라 정부는 황급히 군벌이던 위안스카이를 파견해 이를 진압하고자 했으나 위안스카이가 배반하면서 결국 무너지고 만다.

군벌들이 난립한 가운데 성립된 중화민국의 미래는 불투명했고 제국주의 열강의 발길은 여전히 중국을 향하고 있었다. 초대 총통으로 취임한 위안스카이의 야심으로 우여곡절을 겪으며 중화민국의 체제가 흔들리자 쑨원은 자신이 세운 국민당을 중심으로 다시 혁명 세력을 결집하고자 했다. 당시 세력을 확장하고 있던 공산당과 결합, 제1차 국공 합작을 이룬 쑨원은 군대를 양성하고 군벌들을 제압하려고 1924년 북벌을 단행했다. 북벌군이 파죽지세로 승리하면서 진격하고 있던 1925년 쑨원이 사망하면서 정권은 장제스에게 넘어갔다. 그런데 장제스는 쑨원과 달리 공산당을 몹시 경계하던 인물이었다. 그는 북벌이 거의 완료될 즈음이던 1927년 쿠데타를 일으켜 공산당 세력을 국민당에서 몰아내고 권력을 독점하기에 이른다.

식민지 조선의 민중들이 항일의 기세를 드높이다

일본 제국주의는 1910년 한일 병합을 통해 그토록 열망하던 식민지 조선을 얻었다. 일제가 후발 자본주의로서 식민지를 얻고자 하는 목적은 두 가지였다. 자국의 경제적 발전을 위한 원료 공급 기지가 하나이고, 자국의 상품을 파는 시장의 확보가 다른 하나이다. 일제는 식민지 조선을 무자비하게 수탈하면서 조선인의 반발을 막기 위해 무단 통치를 실시했다. 무단 통치란 총칼을 찬 헌병을 경찰 대신 치안 유지를 위해 투입한 강압 정치를 말한다. 이미 항일 의병들을 무력으로 제압한 다음이었기에 거침없이 헌병 경찰을 동원해 조선인에 대한 탄압과 억압을 실시할 수 있었다. 토지 조사 사업이나 산림 조사 사업 등을 통해 조선의 토지나 산림 자원 등을 수탈했고, 회사령으로 조선의 상공업 발전까지 저지하는 등 일제는 자국의 이해에 맞춰 식민지 조선을 철저하게 재편했다.

그러나 역사에서 일방적 억압으로 성공한 예는 없었다. 식민지 조선의 민중은 때를 기다렸고 마침내 1919년 3·1 운동을 통해 그동안 억눌렸던 분노를 표출했다. 윌슨이 주창한 민족 자결주의와 사회주의 소련의 식민지 해방 투쟁 지원 소식 등에 힘입어 일어난 3·1 운동은 조선 민중의 힘을 전 세계에 알린 사건이었다.

전국 곳곳에서 일어난 만세 운동에 놀란 일제는 무단 통치를 접고 문화 통치라는 유화적 제스처를 보였다. 또한 조선 민중의 자발성에 고무된 독립운동의 지도자들은 국내외 독립운동을 통일적으로 지도할 대한민국 임시 정부를 수립했다. 이 무렵 만주 지역에 근거를 마련한 무장 투쟁 단체들 또한 적극적인 활동에 나섰는데, 대한 독립군의 홍범도 등이 이끈 봉오동 전투, 북로 군정서의 김좌진 등이 주도한 청산리 전투에서 일본군을 크게 물리치면서 기세를 떨쳤다.

일제가 문화 통치로 전환하자 1920년대부터 국내의 민족주의 세력은 조선인의 실력 양성을 통해 독립을 이루어질 수 있다는 생각으로 물산 장려 운동과 민립 대학 설립 운동 등을 벌였다. 그러나 이 운동은 일반 민중의 정서와 어긋나 있는 데다가 대중적 호응마저 줄어들어서 실패하고 말았다. 민족주의 운동이 실패로 귀결되자 민족주의 세력의 일부는 일제와 타협하면서 식민지 조선을 자치적인 정부로 만들자는 청원 운동을 전개했다. 그런데 자치 운동은 일제의 식민 지배를 인정하는 것이어서 실제로는 친일로 돌아선 꼴이었다.

이에 비타협적 민족주의자들은 사회주의 세력과의 연합을 모색했다. 1920년대에 들어와 활발하게 노동자, 농민을 조직하면서 성장한 사회주의 세력은 이제 국내 독립운동의 주도권을 장악할 정도로 성장했다. 그런데 민족주의 세력과 사회주의 세력은 서로 다른 이념 때문에 대립하거나 갈등하는 바람에 독립운동 역시 따로 따로 진행되어 대중적 힘을 하나로 모으지 못하고 있었다. 이런 상황을 극복하고자 좌우 합작 운동이 일어났고 그 결과가 1927년에 결성된 신간회로 나타났다. 신간회는 대중 단체로 민중 계몽이나 독립 의식 고취를 위한 활동을 활발하게 진행하면서 성과를 보였다. 이렇게 되자 일제의 감시와 탄압이 강화되었고, 일제에 타협적이던 민족주의 세력이 신간회로 합류하면서 좌우 대립이 격화되었다. 여기에 국제 사회주의 지도 단체인 코민테른이 식민지나 반식민지에서의 좌우 합작 운동을 비판하면서 좌경화되자 신간회는 4년 만에 해체되고 말았다. 신간회의 해체는 국내 독립운동의 대중적 기반을 무너뜨리는 것이었고 이로 인해 1930년 초반까지 국내 독립운동은 상당하게 위축되고 만다.

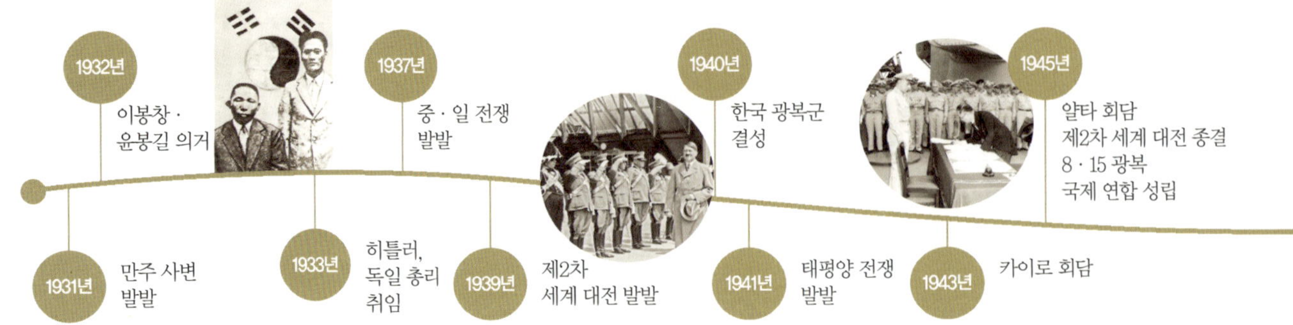

제국주의의 발호와 한국 근대사

4권 4부

거대한 파국과 다가오는 해방의 그림자

1931년~1945년

제국주의 전쟁의 재개와 거대한 파국

제1차 세계 대전이 종결되고 베르사유 체제가 성립하면서 인류는 국제 연맹을 창설하여 또 다른 전쟁을 막으려는 노력을 전개했다. 그 결과 불완전하나마 잠시 동안의 평화가 유지되었다. 하지만 1929년에 미국에서 대공황이 발생하자 상황은 급변했다. 세계적인 불황이 닥치면서 후발 자본주의 국가들은 수출에서 엄청난 타격을 받았고 국내의 소비까지 줄어들면서 경제적 위기에 빠졌다. 여기에 물가가 뛰고 실업자가 양산되어 국민들의 불안감은 가중되었다.

불황이 닥치자 막대한 배상금 때문에 더욱 경제난에 시달리고 있던 독일 국민은 전체주의를 지향하는 히틀러의 나치당을 선택했고, 히틀러는 집권하자마자 재무장을 선언하고 독제 체제를 굳혔다. 이에 앞서 이탈리아에서는 무솔리니가 파시스트 정권을 수립하여 전체주의* 체제를 굳혔다. 일본 또한 이미 1920년대 후반부터 불황을 맞은 데다가 대공황의 여파로 군부 강경파가 득세하게 되었다. 이렇게 집권한 전체주의 세력은 국민들의 불만을 돌리기 위해 극단적인 애국심을 고취하는 한편 다른 나라에 대한 침략을 준비했다.

그 신호탄을 울린 것은 일본이었다. 일본은 1931년에 만주를 침략하여 괴뢰 국가를 세우고 1937년에는 중·일 전쟁을 일으켜 본격적으로 중국 대륙을 침략했다. 유럽에서는 1939년 히틀러가 폴란드를 침공하면서 본격적인 전쟁을 개시했다. 이에 영국과 프랑스는 독일에 선전 포고를 했고, 또 하나의 제국주의 전쟁인 제2차 세계 대전이 일어났다. 독일과 이탈리아, 일본을 하나의 축으로 하는 파시즘 진영은 전쟁 초기 파죽지세로 유럽 전역과 북아프리카의 식민지에서 승리했다. 그러나 영국과 프랑스를 중심으로 반파시즘 전선을 구축한 연합국의 반격 또한 만만치 않았다. 전쟁 초기 미국과 소련 두 강대국은 참전하지 않은 상태였다. 그러나 침략 야욕에 불탄 독일과 일본이 잠자는 두 사자를 건드리면서 전세는 급격하게 역전되었다. 히틀러의 오판으로 소련 침공이 강행되자 독일은 동부와 서부 전선 모두에서 싸워야 하는 부담을 안게 되었다. 여기에 태평양 전쟁 도발로 미국이 참전하면서 일본 역시 수세에 몰렸다. 1943년 이탈리아가 먼저 항복했고 노르망디 상륙 작전이 감행되면서 1945년 5월 독일 또한 항복하기에 이른다. 일본은 어떻게 해서든 버티려고 했지만 원자 폭탄의 위력 앞에 무릎을 꿇고 1945년 8월 15일 무조건 항복을 선언했다.

인류 역사상 가장 참혹한 전쟁이자 가장 추악한 전쟁인 제2차 세계 대전은 이렇게 끝났다. 전쟁으로 5천만 명의 인명이 살상되었고, 나치의 인종 청소로 6백만 명에 이르는 유태인이 살해당했다. 수많은 산업 시설이 파괴되고 상당수의 문화유산도 사라졌다. 인류는 인간의 잔혹성에 대해 몸서리쳐야 했고 대량 살상 무기의 개발이 어떤 결과를 낳는지 스스로에게 되물어야 했다. 그러나 이 거대한 파국 뒤에 다가올 미래는 어떤 것인지 예측할 수 있는 사람들은 그리 많지 않았을 것이다. 우리 민족도 그토록 열망하던 식민지에서 해방되면서 기쁨의 눈물을 흘렸지만 그 눈물이 마르기도 전에 다가올 상황을 판단하기에는 아직 준비가 덜 된 상태였다.

다가오는 해방의 그림자

1931년 신간회가 해체되면서 식민지 조선의 독립운동은 사회주의 세력을 중심으로 전개되었다. 1929년 원산 총파업을 거치면서 제국주의 타도, 토지 분배, 부르주아 민주주의 혁명 등을 요구하는 정치 투쟁으로 전환한 혁명적 노동자·농민 운동은 곳곳에서 일제에 맞서 소작 쟁의와 파업 투쟁을 벌였다. 그러나 계급 투쟁에 기반을 둔 노동자·농민 운동은 일제의 강한 탄압에 점차 고립되어 실패하고 말았다. 중국이 제2차 국공 합작을 통해 항일 운동을 전개했던 것과 비교되는 대목이다.

사회주의 세력의 약화와 일제의 전시 동원 체제로 1930년대 후반 국내의 독립운동은 거의 불가능한 상태에 빠졌다. 민족주의 진영의 상당수는 일제에 협력하는 친일로 돌아섰다. 그나마 양심적인 일부가 벌인 문맹 퇴치 운동이나 농촌 계몽 운동 또한 일제의 강력한 탄압과 방해 공작으로 점차 동력을 잃을 수밖에 없었다. 이렇게 국내의 독립운동이 지하로 들어가 있던 이 무렵 만주와 연해주에 근거지를 둔 무장 투쟁 세력은 1931년 일본이 만주 사변을 일으키자 중국군과 연합하면서 항일 투쟁을 전개했다. 그러나 일제가 만주 전역을 차지하면서 근거지를 잃은 이들은 중국과 소련의 영내로 옮겨 가야 했고, 그로 인해 투쟁의 강도 역시 약해져 중국군의 보조 역할에 머물러야 했다.

그나마 1930년대 중반에 가서야 대립하던 좌우파가 연합해 민족 혁명당을 만들고 조선 의용대를 만들어 중국 국민당군과 연합 작전을 펴면서 일제에 저항했다. 그리고 침체에 빠졌던 대한민국 임시 정부도 1940년 충칭에 정착하면서 다시 체제를 정비해 항일 운동의 전개를 준비했다. 임시 정부는 민족주의 정당들을 통합해 한국 독립당을 결성하고, 한국 광복군도 만들어 국내 진공 작전까지 준비했다.

그러나 1945년 8월 일제가 무조건 항복을 하면서 불시에 다가온 해방은 독립운동 세력이 연합국의 일원으로 참여해 주도적으로 이끈 승리가 아니었기 때문에 그 앞날이 불투명하기 그지없었다. 일제를 우리 힘으로 몰아내지 못한 것은 해방 이후 우리 민족의 운명이 외세에 의해 결정될 가능성을 크게 하는 일이었다. 그리고 그것은 1945년 삼팔선을 경계로 소련과 미국이 진주하면서 현실로 나타나게 된다.

5권 1부 글로벌 시대와 한국 현대사
두 세계의 충돌과 남북한
1945~1979년

냉전 체제의 성립과 한반도의 분단

제2차 세계 대전이 끝나면서 인류 앞에 놓인 과제는 인간의 양심에 도전하는 대전쟁은 더 이상 용납할 수 없으며 그를 위한 평화 체제의 구축이었다. 또한 이 평화 체제의 전제는 제1, 2차 세계 대전의 원인이기도 했던 제국주의 침략의 종식이어야 했다. 세계가 제국주의 국가와 식민지로 나뉘었던 약육강식의 질서를 청산하고, 민족 간 억압과 불평등을 없애는 것이야말로 전쟁이 남긴 근본적인 과제였다.

이러한 과제는 제2차 세계 대전에서 승리한 연합국의 손에 맡겨졌다. 연합국 중에서도 새롭게 강대국으로 떠오른 미국과 소련이 큰 역할을 맡았다. 연합국은 먼저 국제 연합(UN)을 결성해 전 세계적인 평화 체제를 구축하기로 합의했다. 국제 연합은 국제 연맹과 달리 전쟁 도발국에 대한 군사적 제재까지 가할 수 있는 강력한 국제기구였다. 독일과 동유럽 등의 독일 점령지에 대한 관할 문제도 어느 정도 합의했다. 그러나 패전국의 식민지를 독립시켜야 한다는 점에서는 기본적인 합의가 이루어졌지만, 승전국의 식민지는 어떻게 해야 할 것인지에 대해서는 명확한 결정이 내려지지 않았다. 식민 통치라는 낡은 방

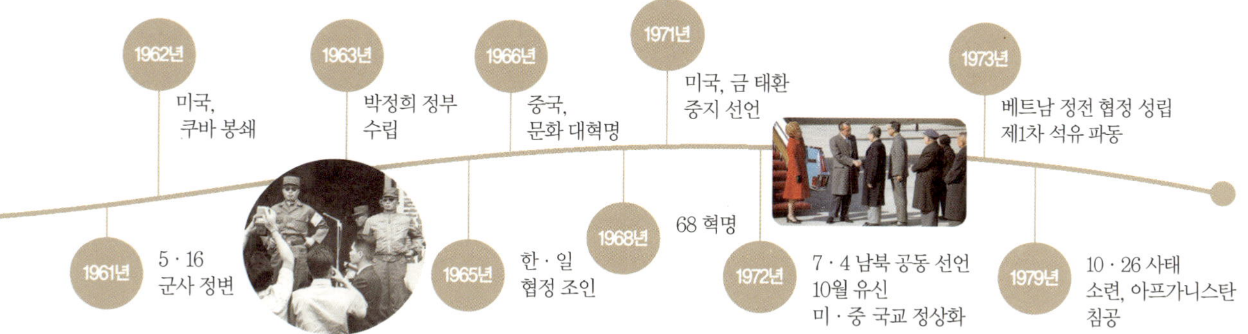

식을 벗어나야 한다는 정도의 대략적인 선만 있었을 뿐이다. 영국은 옛 식민지들을 독립시키고 넓은 의미의 연방 국가 체제를 꾸린 영연방이라는 방식으로 식민지 문제를 풀었다. 반면 프랑스나 네덜란드 등은 식민지를 버릴 생각이 없었고 인도차이나 등지의 옛 식민지가 독립을 선포하자 전쟁까지 벌이면서 다시 차지하고자 했다.

더군다나 미국과 소련은 전후 세계의 모습에 대해 서로 다른 생각을 갖고 있었다. 미국은 자본이 물 흐르듯 흐르는 세계를 꿈꾸었고, 소련은 사회주의 체제가 생존을 보장받고 확산되는 세계를 꿈꾸었다. 제2차 세계 대전이 끝났을 때만 해도 어깨를 맞잡고 우호적이던 미·소 양국은 전후 처리 문제를 놓고 사사건건 부딪치기 시작했다. 소련이 점령한 동유럽 국가들이 사회주의 세력권에 편입되고 그리스나 터키에서도 사회주의 세력이 힘을 얻자, 서유럽까지 공산화될지 모른다는 위기감이 확산되었다. 미국은 서둘러 마셜 플랜*을 통해 경제적 지원을 하면서 자본주의 세계의 재건에 나섰다.

1948년 미·영·프 3개국이 분할 점령했던 독일의 서쪽 지역에서 경제적 통합을 결정하자 소련은 베를린 봉쇄를 통해 맞섰다. 독일의 수도 베를린은 소련 점령 구역 안에 있었는데, 이곳 또한 4개국이 분할 점령하고 있었기 때문에 봉쇄가 가능했던 것이다. 베를린 봉쇄는 이듬해에 풀리지만 양측의 갈등은 크게 고조되었다. 그리고 1949년 5월 서독이 먼저 독립을 선언하자 곧바로 동독 또한 독립을 선언하면서 양측의 체제 대결은 본격화되었다. 미국의 시사 평론가 리프먼이 말한 대로 총성 없는 전쟁, ‘냉전’이 시작된 것이다. 그리고 자본주의 미국과 사회주의 소련을 맹주로 한 냉전 체제는 향후 40여 년 동안 세계를 규정하는 하나의 큰 틀이 되었다.

냉전의 여파는 비단 유럽에만 영향을 미친 것이 아니었다. 일본이 연합국에 패하면서 독립의 기회를 맞이한 한국이나 베트남 그리고 국공 합작을 통해 일본과 전쟁을 벌였던

마셜 플랜
사회주의가 확산되는 것을 막기 위해 유럽의 경제 부흥 계획을 세우고 이를 미국이 지원하기로 한 것을 말한다. 당시 미국의 국무장관 마셜의 이름을 따서 붙인 명칭이다.

중국의 운명 또한 이와 같은 조건 아래 결정될 수밖에 없었다. 그러면 해방을 맞은 한반도는 어떻게 되었는가? 해방이 되면서 한국인들은 당연히 독립 국가가 된다고 생각했다. 해방직전 독립운동가 여운형이 조선 총독 아베의 요청에 따라 좌우 세력을 망라한 건국 준비 위원회를 구성한 것도 그런 생각에서였다. 그러나 그것은 한국인의 착각이었을 뿐이다. 미국과 소련은 제2차 세계 대전이 종결되기 전에 이미 얄타에서 만나 한국의 신탁 통치에 대해 기본적으로 논의한 상태였다. 그리고 일본의 항복이 임박하자 삼팔선을 경계로 미·소 양군이 한반도를 분할 점령하고 군정을 실시하기로 합의했다. 물론 그것은 어디까지나 임시 조치였다. 그래서 1945년 12월에 열린 모스크바 삼상 회의에서 향후 한반도 처리 문제를 최종 결정했는데, 모든 정치 세력이 망라한 임시 정부를 구성하기로 결정하고 미·영·중·소 4개국이 5년 이내의 기간 동안 신탁 통치를 하는 문제를 논의하기 위해 미·소 공동 위원회를 설치하기로 했다.

　　이 내용을 보면 아무 문제도 없어 보일 수 있다. 그런데 문제를 일으킨 것은 한국의 주요 언론들이 "미국은 즉시 독립, 소련은 신탁 통치 주장"이라는 고의에 가까운 오보를 내면서였다. 사실 신탁 통치를 주장한 것은 소련이 아니라 미국이었고 정작 문제의 본질은 임시 정부 수립이었지 신탁 통치 문제가 아니었기 때문이다. 이를 계기로 우파 중심의 반탁 운동이 거세게 일어나면서 좌우의 갈등만 부추겨졌다. 여기에 냉전의 한파가 닥치면서 미·소 공동 위원회조차 단 두 차례에 걸쳐 회의를 열고서는 표류하고 말았다. 한반도 문제는 미국이 주도하는 유엔으로 넘어갔고 유엔 감시 아래 실시한 선거는 분단 반대 세력과 단독 정부 지지 세력 사이의 다툼의 장으로 되었다. 1948년 8월 15일 남한만의 단독 정부가 수립되자 곧바로 북한도 독자 정부를 수립하면서 끝내 한반도는 분단되고 말았다. 분단은 세계를 좌우하는 냉전 질서가 한반도에 그대로 관통되었음을 말한다.

중국이 공산화되고 한반도에 전쟁이 일어나다

1937년 중·일 전쟁이 일어나면서 중국의 국민당과 공산당은 제2차 국공 합작으로 일본의 침략에 맞섰다. 사실 국민당을 이끌던 장제스는 공산당에 호의적이지 않았지만 국민적 열망에 어쩔 수 없이 합작을 할 수밖에 없었다. 국공 합작을 통해 일본의 중국 장악을 저지한 두 세력은 일본의 패배가 눈앞으로 다가온 1945년 10월 10일 내전을 피하고 중국의 부강을 위해 노력한다는 '쌍십 협정'을 맺었다. 하지만 군사력에서 압도적 우위를 차지하고 미국의 지원까지 받던 국민당이 공산당과 계속 권력을 나누어 가지려고 들지 않고, 1946년 6월에 공산당을 공격하면서 내전이 발생했다. 그에 앞서 1945년 12월에 열린 모스크바 삼상 회의에서 미·소 양국은 중국의 내전에 간섭하지 않기로 합의했다. 왜냐하면 두 강대국이 중국 내전에 참여하면 또 다른 세계 대전이 일어날 가능성이 높았기 때문이다.

초반에 국민당은 군사력의 우세를 바탕으로 공산당을 거세게 밀어붙였다. 그러나 중국 국민들은 이 내전을 반대했을 뿐만 아니라 국민당의 독재 정치와 부정부패에도 반발하고 있었다. 공산당은 중일 전쟁 시절부터 즐겨 사용하던 게릴라 전술을 쓰면서 점차 세력을 만회해 갔다. 1948년부터 전세가 역전되었고 공산당군이 우세해져 곳곳에서 국민당군을 밀어냈다. 1949년 난징까지 공산당이 점령하자 장제스는 타이완으로 도망가고 말았다.

거대한 중국 대륙을 잃자 1950년 1월 미국의 국무 장관 애치슨이 중대한 선언을 발표했다. 미국이 반드시 지켜야 하는 방위선으로 알류산 열도와 일본, 필리핀을 잇는 선으로 한다는 것이었다. 이 방위선에 대만과 한반도가 빠져 있었다. 이렇게 되자 북한의 지도자 김일성은 조국 해방이라는 명분 아래 전격적으로 삼팔선을 밀고 남한으로 쳐들어왔다. 당시 북한군의 전력은 그다지 강하지 않았지만 국공 내전을 통해 단련된 조선족 전사들은 그야말로 일당백의 용사들이었고, 소련의 무기 지원까지 받은 상태였기 때문에 파죽지세로 남침 3일 만에 서울을 점령했다. 그리고 한 달 만에 한반도의 대다수 지역을 장악했다. 북진 통일을 외치며 큰소리쳤던 이승만 정부는 서울에서 몰래 도망쳐 낙동강을 경계로 최후 방어선을 설정했다.

이렇게 되자 한반도의 공산화가 곧 실현되는 듯싶었다. 그러나 한반도를 방어선에서 제외시켰던 미국의 대응은 의외로 신속했다. 미국은 유엔에서 회의를 열어 6월 25일에 북한군의 즉각 철수를 결의했고, 6월 27일에는 남한에 대한 지원을 결의했다. 이렇게 해서 세계 최강 미군을 비롯해 16개국이 참여한 유엔군이 결성되어 참전했다. 9월 15일에는 인천 상륙 작전을 통해 남한 곳곳으로 내려간 북한군을 고립시키면서 반격의 계기를 잡았고 서울을 탈환한 다음부터는 북진을 거듭했다. 북한군이 압록강 근처로 밀려나자 이번에는 중국이 인민 지원군을 결성해 참전했다. 중국의 정규군인 인민 해방군이 참전하게 되면 미국과 정면 대결을 벌일 수 있었기 때문에 자발적인 지원군 형태로 참전한 것이다.

중공군이 참전하면서 전세는 다시 역전했고 1951년 1월 4일에는 서울까지 내어 주는 1·4 후퇴로 이어졌다. 이후 전열을 정비한 유엔군과 국군이 다시 서울을 탈환하고 전선은 삼팔선 근처에서 교착 상태에 빠졌다. 어느 쪽도 군사적 우위를 점할 수 없게 되자 이때부터 휴전이 논의되었으나 유리한 입장을 차지하려는 2년여의 길고 긴 줄다리기 끝에 1953년에야 휴전 협정이 맺어지면서 6·25 전쟁이라고도 불리는 한국 전쟁은 끝이 났다.

6·25 전쟁은 국제 관계로 보면 미소 간의 냉전이 동아시아에서 열전으로 번진 것이었지만, 우리 민족으로서는 엄청난 인명 피해와 산업 시설의 파괴 그리고 이념적인 극한 대립까지 초래한 비극이었다. 전쟁으로 남북 모두 세계에서 가장 가난한 나라로 굴러떨어졌고, 남북은 상대를 동족이 아닌 철천지원수로 여기는 반쪽 사회를 형성하게 되었다. 그리고 극단적 이념의 경직과 더불어 남북에는 비상식적인 독재 체제가 들어서는 빌미가 된다.

제3 세계의 등장과 4·19 혁명

제2차 세계 대전에서 승리한 연합국 사이에 막상 전후 처리가 본격화되자 그들의 정신을 지배한 것은 냉정한 이해득실 계산과 철저한 편 가르기였다. 한국처럼 패전국의 식민지였던 나라들은 승전국의 전리품 취급을 받았고, 베트남과 인도네시아처럼 승전국의 식민지였던 나라들은 독립을 쟁취하려고 그 승전국과 피를 흘리며 싸워야 했다. 아프리카에서는 1950년까지 새로 독립한 나라가 리비아 하나뿐이었다. 따라서 제국주의 시대에 식민지였던 나라들에게 제2차 세계 대전이 갖는 의미는 거의 없었다. 이제 그들은 자신의 힘을 키워서 자신의 나라, 자신의 시대를 열어 가야 했다.

6·25 전쟁의 포성이 멈춘 1953년에도 인도차이나에서는 여전히 베트남의 독립을 향한 총성이 울리고 있었다. 일본에게 인도차이나를 빼앗겼던 프랑스가 옛 주인이랍시고 베트남의 독립을 가로막으며 인도차이나 전쟁을 일으켰기 때문이다. 그러나 독립심이 강했던 베트남 민족은 1954년 프랑스를 물리치고 독립을 눈앞에 두었다. 1949년 옛 권리를 주장하는 네덜란드를 물리치고 독립을 쟁취한 인도네시아에 이은 쾌거였다. 그런데 이번에는 미국이 나섰다. 베트남 독립 전쟁의 주역인 호치민이 민족주의자가 아니라 사회주의자였기 때문이다. 미국은 1954년 7월 제네바에서 극동 평화 회의를 주재해 북위 17도선을 경계로 베트남을 분단시키고 남쪽에 미국을 추종하는 응오딘지엠 정권을 세우면서 베트남 전쟁이 시작되었다.

6·25 전쟁과 베트남 전쟁을 지켜보던 인도, 버마(오늘날의 미얀마), 인도네시아 등 아시아의 신흥 국가들은 미국의 이런 행동에 분노했다. 제국주의 질서를 청산하고 평화로운 세계 질서를 위해 앞장서야 할 미국이 도리어 그 반대에 섰기 때문이다. 이들 나라의 지도자들은 미국을 비롯한 패권 국가들의 이런 행태를 신식민주의*라 규정하고 이를 벗어나고자 신생 독립국의 단결을 촉구했다. 1955년 4월 18일 인도네시아의 반둥에 모인 아시아·아프리카의 29개국은 미국과 미국에 맞서 아시아·아프리카의 내부 문제에 간섭하려는 소련 두 강대국을 모두 거부하면서 '비동맹 회의'라고도 불리는 회의를 열었

다. 또한 영토와 주권의 상호 존중, 불침략, 내정 불간섭, 평화 공존 등을 내용으로 하는 반둥 회의 10원칙을 발표했다. 이들은 제1 세계인 미국 등 서방 자본주의 열강과 제2 세계인 사회주의 맹주 소련과 달리, 스스로를 제3 세계라 부르면서 남북한이나 팔레스타인처럼 어느 한 편의 적극적인 지지를 받는 국가를 제외한 세계 모든 나라의 진정한 단결과 세계 평화를 촉구했다.

제3 세계의 등장으로 아프리카 등지의 독립 열기 또한 폭발했다. 특히 1960년은 '아프리카의 해'라고 불릴 정도로 17개국이 독립하기도 했다. 이런 상황에서 미국의 앞마당 쿠바에서 이번에는 반미 혁명이 일어났다. 미국의 플로리다와 코앞의 거리에 있던 쿠바는 미국 자본가들의 사탕수수 농장과 휴양지로 가득 차 있었고, 친미 바티스타 정권은 독재 정치를 펴면서 쿠바 민중의 삶을 외면하고 있었다. 그런데 1959년 1월 피델 카스트로를 비롯한 혁명 세력이 불과 몇백 명의 유격대를 조직해 쿠바로 진입하자 쿠바 민중은 이들을 열렬하게 지지했고, 주요 도시에서는 폭동이 일어나 바티스타 정권은 속절없이 무너지고 말았다. 미국은 쿠바 혁명을 막으려고 반혁명 세력을 결집하고 군사적 지원을 했지만 카스트로 정권을 막아 내기에는 역부족이었다.

쿠바 혁명은 남아메리카 대륙에서 친미적인 독재 정권을 지원하면서 막대한 경제적 이익을 취하던 미국에게는 위기였다. 카스트로의 동지였던 체 게바라가 남미 혁명을 위해 자신의 한 몸을 바치기도 할 정도로 남미는 뜨거운 감자로 떠올랐다. 여기에 소련의 지원을 받던 쿠바는 소련에 미사일 기지까지 제공하려고 들었다. 이런 분위기를 가라앉히려고 미국은 보다 단호한 조치를 취하기로 했다. 소련과의 일전까지도 불사하겠다는 케네디 대통령의 선언으로 쿠바 미사일 위기는 극복되었고 미소 양국은 체제 대결의 극복과 평화 공존을 위해 노력하기로 합의했다. 그러나 이것은 어디까지나 대외적인 제스처일 뿐이었다. 두 나라는 여전히 자신의 세력을 확산시키는 한편 경제 성장과 우주 개발 등에서 우위에 서기 위해 치열하게 경쟁하고 있었다.

세계가 냉전 체제의 고착으로 고심하고 있을 때 분단된 것도 모자라 동족상잔의 비극으로 초토화된 한국에서는 오히려 독재 체제를 굳히려는 이승만의 권력욕으로 시달리고 있었다. 사람들을 먹여 살릴 산업 시설은 턱없이 부족하기만 했음에도, 이승만 정권의 관심은 오로지 영구 집권뿐이었다. 전쟁의 한가운데에서도 권력을 놓치 않으려고 계엄령을 선포해 직선제 개헌을 통과시켰고, 1954년에는 초대 대통령에 한해 3선 제한을 철폐한다는 개헌안까지 통과시켰다. 이 개헌은 일명 사사오입 개헌이라고도 불리는데, 개헌안을 통과시킬 수 있는 국회의원의 정족수를 사사오입으로 계산해 통과시킨 코미디와 같은 억지였다.

이런 가운데 치러진 1960년의 정부 대통령 선거는 가능한 부정은 모두 자행된 부정 선거의 전범과도 같은 선거였다. 민주당의 조병옥 후보가 사망하는 바람에 대통령에는 이미 이승만의 당선이 확실했지만, 부통령 선거에서는 민주당의 장면 후보가 유리했기 때문이다. 부통령 선거에서도 이기붕 자유당 후보가 압도적인 표차로 당선되자 극한의 임계점에 도달한 국민들의 분노는 걷잡을 수 없이 폭발했다. 주요 도시에서 연일 항의 시위가 일어났고 4월 19일에는 서울에서 시위를 벌이던 104명이 경찰의 발포로 사망하는 최악의 상황이 발생했다. 이미 쿠바에서 된서리를 맞은 미국은 더 이상 방치하면 혁명의 결과가 사회주의 세력의 손으로 넘어갈 수도 있다고 판단해 이승만의 하야를 종용했고, 추악한 권력욕에 취해 있던 노정객은 황급히 짐을 싸들고 하와이 망명길에 나섰다. 4·19 혁명은 이렇게 기적과 같이 일어났다. 반둥 회의에서조차 외면했던 한국이 제3 세계의 기대주로 떠오르는 순간이었다.

자본주의 황금시대가 한국의 경제 성장을 이끌다

제2차 세계 대전 이후 세계를 지배한 것은 동서 냉전 체제였다. 그러나 그 진행 과정을 자세히 살펴보면 사회주의 세력의 확산과 이에 대한 자본주의 세력의 맞대응이었음을 알 수 있다. 사회주의는 동유럽과 중국, 북한, 인도차이나, 쿠바 등으로 계속 확산되었다. 특히 스탈린 시대에 계획 경제를 통해 급격한 공업화를 이룩한 사회주의 세력의 맹주 소련이 영국을 제치고 세계 2위의 경제 대국으로 떠오르면서 사회주의는 많은 후진 국가들이 선택할 수 있는 또 하나의 모델이 되었다.

중국을 비롯한 후발 사회주의 국가들도 혁명 과정에서 얻은 자신감으로 겁 없는 성장의 질주를 계속했다. 그러나 이런 사회주의 방식이 항상 성공한 것은 아니었다. 예를 들어 중국은 1958년부터 대약진 운동을 벌여 농촌 경제의 발전을 통한 공업화를 추진했지만, 그 결과는 참담한 실패로 끝나고 말았다. 이 실패로 인해 마오쩌둥이 실각하고 공업화 우선 정책을 추진하던 실용주의 세력이 정권을 담당하게 된다.

이에 맞서 자본주의 세계 체제의 수호신으로 떠오른 미국은 전혀 자본주의적이지 않은 방식으로 자본주의를 지켜냈다. 시장에 모든 것을 맡겨 두는 고전적 자본주의 이론인 자유주의를 버리고 국가가 시장에 개입하고 대자본을 억제하는 수정 자본주의 노선이 미국과 자본주의 국가들에 도입되었다. 그것은 아주 효율적인 처방이었다. 자본가의 일방적 이익만을 추구하는 것이 아니라 노동자에게도 일정한 경제적 이익을 배분하는 수정 자본주의 정책으로 미국과 서방 국가들은 1960년대에 이르면 대중 소비 사회를 열었다. 각종 전자 제품은 물론 자동차까지 소유한 노동자를 미국에서 찾는 일은 그리 낯선 것이 아니었다.

이와 더불어 세계 무역 체제를 브레턴우즈 체제로 일원화하고 달러를 기축 통화로 삼은 이래 미국은 세계 경제를 이끄는 맏형의 지위를 누렸다. 1944년 미국의 브레턴우즈에서 세계 무역 질서를 확립하려는 회의가 개최되었는데, 여기서 결정된 사항이 전쟁으로 파괴된 산업의 재건을 위해 세계 은행(IBRD)을 설립하고 무역 당사국들이 외환을 안정적으로 거래할 수 있도록 세계 통화 기금(IMF)을 설치하기로 합의한 것이었다. 이렇게 해서 성립된 브레턴우즈 체제, 또는 IMF 체제라 불리는 국제 무역 질서의 핵심은 35 미국 달러를 금 1온스와 바꾸기로 하는 금 태환과 각국의 통화를 미국의 달러와 일정 비율로 고정시키는 고정 환율제였다. 다시 말하자면 미국의 달러는 모든 무역 거래의 보증 수표가 되는 기축 통화가 되고, 달러를 벌어들인 각국은 언제든 미국에 가서 금으로 바꾸어 올 수 있으며, 자국의 통화와 미국 달러 사이의 교환 비율도 일정하게 고정한다는 것이다. 이로 인해 국제 무역은 안정 구조를 갖추었다. 또한 미국은 달러라는 무기를 통해 세계 경제를 좌지우지할 수 있었다. 그 결과로 제2차 세계 대전이 끝난 이래 30년 가까이 자본주의 국가들도 불황 하나 없는 장기 호황을 누렸다.

남북한은 이처럼 사회주의와 자본주의가 서로 경쟁하면서 성장하던 시기의 초반을 분단과 전쟁으로 허비하면서 가난한 나라의 대명사가 되었다. 그러나 1960년대에 들어오면 남북한 또한 각각의 방식대로 재기에 시동을 걸었다. 북한은 천리마 운동과 같은 사회주의 계획 경제를 통해 남한보다 약간 빠르게 경제 발전을 이루었다. 냉전 체제의 특징인 체제 경쟁에서 밀리면 안 되는 남한이 맹렬하게 뒤를 쫓을 수밖에 없다는 것은 필연이었다.

한국에서 경제 성장이라는 구호가 본격적으로 등장하게 된 것은 아이러니하게도 5·16 군사 정변으로 등장한 박정희 정권에 의해서였다. 1960년 4·19 혁명으로 집권한 민주당 정권이 해결할 과제는 산적해 있었다. 일그러진 사회를 민주적으로 개혁하는 한편, 남북한 사이의 긴장을 완화하면서 경제 성장을 이룩하는 일은 지상과제였다. 그러나 민주당 정권은 신구파로 나뉘어 정권 다툼에 정신이 없었고 국민들이 요구하는 민주화 조치를 빠르게 진행시키는 과제는 잊은 듯했다. 되는 일도 없고 안 되는 일도 없는 것 같은 민주당 정권의 태도에 민심은 이반되고 있었는데, 이 틈을 노려 권력에 눈이 먼 소수의 군부 세력이 1961년 5월 16일에 쿠데타를 일으켰다. 박정희를 지도자로 하는 쿠데타 세력은 처음에는 마치 4·19 정신을 계승하고 사회 질서가 안정되면 정권을 이양할 듯이 선언했지만, 속으로는 권력 장악을 위해 각본대로 움직였다. 미국은 남로당에 가입했던 박정희의 전력을 의심했지만 쿠데타 세력이 반공을 최우선의 국시로 내걸자 이들을 지지하기로 결정했다. 미국의 입장에서는 한국에서 군사 독재 정권이든 아니든 사회주의 세력의 확장을 막아 낼 수만 있으면 그만이었기 때문이다.

이렇게 등장한 쿠데타 세력이 미심쩍은 눈초리를 보내는 국민들을 달래려고 선택한 정책이 바로 경제 성장이었다. 이미 민주당 정권이 수립했던 5개년 경제 개발 계획을 본격적으로 가동하기로 결정한 쿠데타 세력은 먼저 일본과 한일 협정을 통해 종잣돈을 마련하기로 결정했다. 졸속으로 진행하는 바람에 식민지 지배에 대한 적절한 보상이나 종군 위안부나 독도 문제 등이 제대로 처리되지 못해서 오늘날까지도 문제가 되고 있는 굴욕적인 회담이었지만, 한일 협정으로 박정희 정권은 경제 성장 정책을 추진시킬 기초 비용을 마련할 수 있었다. 여기에 1960대 중반에는 베트남 파병을 통해 젊은이들의 희생의 대가로 받아 낸 돈까지 보태어 박정희 정권은 '압축 성장'의 질주에 정권의 운명을 걸었다. 그리고 이 도박은 성공적이었는데, 그 원인은 박정희의 탁월한 지도력에 있었던 것이 아니라 사실은 세계 경제의 호황에 있었다. 이 점은 70년대 초반에 일어난 석유 위기를 보면 더욱 확실하게 알 수 있다.

압축 성장을 위한 박정희 정권의 정책은 그야말로 군사 작전과도 같았다. 정부는 사령부가 되어 예하의 기업들을 독려했고, 기업들은 사단으로 노동자나 국민은 사병처럼 취급되었다. 그 과정에서 일어나는 불만이나 고충은 무시되기 일쑤였다. 노동자들은 저임금과 장시간 노동에 시달리면서도 한마디의 불만조차 토로할 수 없었다. 더구나 고도성장을 달성하기 위해 일부 기업에 대한 특혜가 이루어졌고 소위 재벌이라는 대기업이 등장하게 되었다. 이렇게 해서 한국 사회는 "쌀밥에 고기반찬"이라는 말이 상징하듯이 놀라운 경제 성장을 이룰 수 있었다. 그러나 성장의 그늘에서는 저임금과 불평등 구조의 확대 재생산, 대기업과 중소기업의 불균형 발전, 수출 중심 전략으로 인한 경제의 외국 의존도 강화, 각종 악법의 양산과 반민주적인 정치 행태 등 온갖 문제가 독버섯처럼 자라나고 있었다.

냉전 체제의 위기와 유신 독재의 종말

전 세계적인 경제 호황이 이어지고 있음에도 세계 전체가 냉전이라는 대립과 갈등의 구도 아래 있다는 것은 모순이 아닐 수 없었다. 주요 자본주의 국가 안에서는 이념의 벽에 갇혀 미국의 매카시 현상*과 같은 마녀 사냥이 일어나거나 프랑스의 드골과 같은 권위적인 정권의 국가 지상주의가 지배하고 있었다. 마찬가지로 사회주의 국가 대다수에서는 프롤레타리아 독재*라는 미명으로 일당 독재, 또는 일인 독재가 판을 치고 있었다. 제3세계로 상징되는 후진국들에서도 개발 독재에 시달리거나 동서 간의 체제 경쟁에 짓눌려 어느 한편으로 기울지 않으면 생존이 어려운 상황이 반복되었다. 그러나 역사에서 억압적이고 불합리한 상황이 계속되는 것을 용납하는 일이란 없다.

변화의 물꼬를 튼 것은 베트남 전쟁과 68 혁명이었다. 미국이 베트남 민족의 독립 열망을 가로막고 분단국가로 만들었지만, 그것은 미봉책에 불과했다. 베트남 민족은 약소국의 운명을 좌지우지하려 하는 미국의 패권 논리에 정면으로 도전했고, 북베트남 정권은 1964년 미국과 제2차 베트남 전쟁을 벌여서라도 분단을 극복하려고 들었다. 더구나 미국이 지원하는 남베트남의 역대 정권은 부패와 무능, 독재로 인해 베트남 민중의 지지를 받지 못하고 있었다. 미국은 세계 최강국의 자존심을 걸고 동맹국까지 포함, 50만의 군대를 투입하고 네이팜탄과 같은 대량 살상 무기를 동원해 북베트남과 남베트남의 무장 게릴라 조직 베트콩을 단숨에 제압하려 들었다. 그러나 베트남 민중의 항거는 끈질기게 이어졌고 1968년 벽두에는 남베트남의 수도 사이공을 함락시키기 직전으로 몰고 갔다. 이제 미국 안에서조차 이 소모적인 전쟁에서 발을 빼자는 주장이 점차 대중적 지지를 얻게 되었다.

이런 가운데 1968년 3월 파리에서는 대학생들이 노동자들의 파업을 지지하는 시위가 일어났다. 그런데 젊은이들의 시위는 파리만이 아니라 전 세계로 확산되기 시작했다. 그 동안 자본주의 체제가 효율성을 강조하면서 노동자는 기계 부품으로, 대학생 등의 젊은이는 예비 부품으로 취급한 데 따른 거대한 저항이 시작된 것이다. 그리고 이 저항은 베트남 전쟁의 부도덕성에 대한 고발, 독재 정권에 대한 비판 그리고 동유럽 사회주의 국가의 자유화 운동으로 이어졌다. 이 운동은 프랑스에서 5월에 최고조에 달했기 때문에 5월 혁명, 1968년 전 세계적인 시위운동으로 번졌기 때문에 68 혁명이라고 부른다. 국경과 민족을 넘어 전 세계의 젊은이들이 반전과 평화 그리고 자유와 박애라는 구호 아래 뭉친 것은 역사 이래 처음 있는 일이었다.

68 혁명은 드골 정권을 퇴진시키고 베트남 전쟁의 확산을 저지하는 데 성공했다. 동유럽 사회에서는 자유화의 물결이 휩쓸면서 이를 진압한 소련의 패권주의를 비판하는 운동으로 이어졌다. 그러나 그런 변화보다도 중요한 것은 미국이나 소련 두 강대국의 한마디에 꼼짝 못하던 시대를 저물게 했다는 점에 있었다. 미국과 소련이 세계를 이끌던 양극 체제가 흔들리고 크고 작은 중심들이 각기 힘을 갖는 다극 체제로 전환되기 시작했다. 자본주의 세계에서는 독일과 일본 등 경제 대국으로 성장한 나라들의 입김이 강화되기 시작했고 사회주의 세계에서는 중소 이념 논쟁이 벌어져 중국이 먼저 소련과 거리를 두면서 독자 노선들이 추구되었다. 중국은 비동맹국들과 더욱 긴밀한 우호 관계를 유지하면서 노골적으로 소련과 다른 노선을 걸었다. 이를 따라서 알바니아, 유고슬라비아, 북한

등 소련과 다른 길을 가려는 사회주의 국가들이 속속 나타났다.

이런 분위기가 되자 미국은 위기에 처한 자신의 지위를 회복하려고 소련과 중국의 분열을 이용하고자 했다. 1969년, 미국 대통령 닉슨은 아시아 문제에 더 이상 군사적인 개입을 하지 않겠다는 닉슨 독트린을 발표하면서 소련과 사이가 벌어진 중국에 화해의 제스처를 보냈다. 1972년에는 전격적으로 베이징을 방문해 국교 정상화를 이루어 냈다. 물론 미국은 중국만이 아니라 소련과도 1960년대 초반부터 냉전보다는 평화 공존이라는 화해를 이룩한 바 있었다. 이렇게 되면서 동서 체제 간에 화해의 분위기가 만들어졌는데, 이를 데탕트라고 부른다. 데탕트란 프랑스 어로 '긴장 완화'라는 뜻인데, 적과 동지가 구분되지 않는 새로운 국제 질서를 만드는 계기가 되었다. 물론 데탕트 시대가 되었다고 미·소 사이의 체제 경쟁이 사라진 것도 아니었고, 베트남 전쟁이 종식된 것도 아니었다. 하지만 데탕트가 냉전 체제의 균열을 알리는 신호탄이 된 것만은 확실하다.

1970년대에 들어서자 전후 세계 경제 질서를 뒤흔드는 일마저 발생했다. 먼저 1971년 미국이 달러의 금 태환을 중지하겠다고 선언했다. 이 선언은 자본주의 세계의 수호신으로 군림하던 미국이 보유한 금이 바닥났고 미국 경제가 위기를 맞았다는 말이기도 했다. 미국은 무리하게 베트남 전쟁을 이끌면서 천문학적인 비용을 들인 데다가 일본이나 독일 등의 경제 성장으로 무역 수지도 엄청난 적자 상태였다. 이런 상황이 되자 세계 각국은 앞다투어 달러를 금으로 교환하려고 했다. 그러자 미국은 아예 금 태환을 못하겠다고 나선 것이다. 그런데 금 태환을 중지하고도 미국은 달러의 기축 통화 체제를 바꿀 수 없다고 억지를 부렸다. 이 말은 곧 세계 경제의 주도권만큼은 여전히 미국이 쥐고 있겠다는 말이었다.

다른 나라들이 미국의 억지를 저지할 방도는 없었다. 기축 통화를 대체할 만한 경제력을 갖춘 나라도 없었을 뿐만 아니라 세계 경제의 중심은 여전히 미국이었기 때문이다. 그래서 세계 각국이 모여 변동 환율제로 전환하기로 하고 금 태환의 정지를 인정하기로 결정했다. 변동 환율제란 각국의 통화와 미국 달러 사이의 가치를 수시로 변동시키겠다는 것이고, 그로 인해 발생하는 환차익과 환차손도 인정하겠다는 말이었다. 이 조치로 세계 경제는 금융 자본의 도박장으로 변모할 운명에 처했다.

여기에 세계 각국이 동력의 원천으로 의존하던 석유의 산지 중동에서 아랍 국가들과 이스라엘이 잇따라 전쟁을 벌이면서 석유 파동이 닥쳐왔다. 석유 파동은 아랍 산유국들이 이스라엘을 지원하는 서방 국가들을 겨냥해 석유 생산을 줄이겠다고 선언한 것이었지만, 세계 경제는 이 조치로 엄청난 타격을 받았다. 석유값은 3개월 만에 4배로 뛰었고 석유를 확보하지 못한 나라들은 당장 공업 생산량을 줄여야 했다. 그렇지 않아도 미국 경제의 위기로 불황을 맞아야 했던 세계 경제는 석유 파동으로 직격탄을 맞고 휘청거렸다.

석유 파동이 일어나면서 세계 경제는 장기적인 스태그플레이션에 들어갔다. 스태그플레이션이란 경기 침체를 의미하는 스태그네이션과 물가 폭등을 의미하는 인플레이션의 합성어인데, 전통적인 자본주의 경제에서 일어나는 불황과 달라서 붙은 이름이다. 말하자면 전통적인 자본주의 경제 현상에서는 불황이 일어나면 물가는 떨어지게 되어 있었는데, 도리어 물가가 폭등하는 기현상이 일어난 것이다.

세계 경제가 위기에 처하자 수정 자본주의 이론에 대해 비판적이던 자유주의 경제학자들이 선봉에 서서 다시 자유주의 경제 체제로 돌아가야 한다고 목소리를 높였다. 고전적인 자유주의 이론과 달리 새롭게 등장했다고 해서 신자유주의라 불리는 이 이론은, 지나친 정부의 개입과 통화량 증가 그리고 그로 인한 재정 적자가 불황의 주범이라고 주장하면서 기업의 자유로운 이윤 추구 보장, 정부의 규제 및 간섭 배제, 보호 무역 장벽의 철폐 등을 주장했다. 한마디로 말하자면, 노동자의 권리 축소, 정부의 복지 정책 수정, 공기업의 축소나 폐지 그리고 금융 자본의 자유로운 이동 보장 등을 통해 시장에 경제를 맡겨야 한다는 주장이다. 1970년대 중반부터 점차 신자유주의는 스태그플레이션에 빠진 세계 경제의 위기를 극복하는 새로운 대안으로 떠올랐고, 이후 오늘날까지 세계 경제 질서를 이끄는 이론이 되었다.

미국이 곤경에 처하면 콧노래를 불러야 할 소련도 사정이 여의치 않았다. 1970년대 초만 해도 소련은 세계 경제의 위기를 '자본주의의 전반적 위기'라는 전통적인 이론을 내세우며 머지않아 자본주의 체제가 몰락하고 사회주의 체제가 전 세계로 확산될 것이라고 믿었다. 그러나 세계 경제의 위기는 결코 사회주의 체제로의 전환을 이끌어 내지 못했을 뿐만 아니라 도리어 사회주의 경제 체제의 위기도 동반했다. 그 이유는 급속한 공업화 정책으로 빚어졌던 소련 사회의 여러 문제점이 드러나기 시작한 데다가 중국 등을 포섭한 미국이 소련에 대한 포위 공세를 풀지 않았기 때문이다. 미국과의 군비 경쟁에 치우친 나머지 공업 생산력의 향상은 이루어지지 않았고, 일당 독재 체제의 관료주의는 갖가지 분야의 비효율성을 이끌었다. 더구나 국민의 상당수는 집단주의가 지닌 강제성에 염증을 드러내고 있었다.

소련의 사정 못지않게 중국의 내부 사정 또한 그리 좋지 않았다. 마오쩌둥은 1966년 문화 대혁명을 통해 실용주의 노선을 수정주의로 몰아 재집권에 성공했지만, 이로 인해 중국의 혼란은 가속되었다. 문화 대혁명은 홍위병을 비롯한 젊은 세대를 동원해 사회주의 정신의 고양을 목표로 했지만 수많은 희생자를 낳고 중국 경제를 도리어 후퇴시켰다. 그러다가 1976년 마오쩌둥이 사망하고 덩샤오핑이 집권하면서 중국은 개혁 개방 노선을 내걸고 사회주의가 아닌 자본주의 방식을 통한 경제 발전의 길을 걷기 시작했다.

데탕트가 세계적인 추세가 되자 냉전 체제에 가장 깊숙이 발을 담갔던 박정희 정권은 다급해졌다. 반공을 내세워 정권의 정당성을 확보했던 박정희 정부는 미국과 중국, 소련이 합종연횡하는 것을 보면서 무언가 새로운 조치를 내려야 했다. 그가 준비한 첫 번째 카드는 7·4 남북 공동 선언이었다. 중앙정보부장이던 이후락을 북으로 보내 남북의 화해와 평화 통일을 추구한다고 선언한 것은 그야말로 반공의 전사 박정희답지 않은 깜짝 쇼에 가까웠다. 그렇다고 이때 남북이 합의한 자주·평화·민족 대단결이라는 공동 성명의 원칙마저 훼손되는 것은 아니다.

물론 박정희가 준비한 또 하나의 카드는 바로 그의 민낯을 드러내는 것이었다. 3선 개헌을 통해 재집권하는 데에는 성공했지만 더 이상 자유로운 선거를 통해 집권하기는 불가능하다는 사실을 깨달은 그는 1972년 10월 유신이라는 쿠데타를 일으켰다. 남북 공동 선언에 환호하던 국민들을 상대로 계엄령을 내리고 합법적인 모든 기관을 정지한 다음 유신 헌법을 만들어 간접 선거를 통한 장기 집권에 나섰다. 이승만의 전철을 밟는 또 하나의 독재 체제가 등장한 것이다.

문제는 그 다음해인 1973년에 석유 파동이 일어나면서 박정희 정권이 그토록 내세웠던 경제 성장에도 적신호가 켜진 점이다. 세계 경제의 위기에 섬유·신발 등 경공업 중심의 수출 경제는 휘청거렸고, 그것은 바로 정권의 위기를 의미했다. 박정희는 이번에도 군사 작전과 같은 방식으로 위기를 극복하고자 했다. 국가의 총력을 기울여 중화학 공업 육성이 강도 높게 추진되었다. 이런 한국의 중화학 정책에 미국 또한 전폭적인 지원을 아끼지 않았다. 미국은 이미 금융 자본이 중심이 되어 첨단 정보 산업 쪽으로 이동하고 있었고, 1975년 베트남마저 내어 주는 참패를 한국에서마저 반복하고 싶지 않았기 때문이다. 중화학 공업 정책을 통해 한국 경제는 기사회생한 정도가 아니라 '한강의 기적'이라 불리며 놀라운 성공을 이루어 냈다. 그리고 중화학 공업 육성 과정에서 특혜를 받은 재벌은 한국 경제를 좌지우지할 정도로 성장했다.

경제와 달리 정치에서는 1970년대 초반부터 기본적인 인권이나 자유조차 허용되지 않는 질식 상태였다. 그러나 민주화를 갈망하는 대학생이나 재야인사 등은 유신 헌법에 대한 개헌 서명 운동을 벌이며 저항을 계속했다. 그러자 1974년에는 긴급 조치 1, 2호를 발동해 유신 헌법 개정 논의조차 불법 행위로 간주하고 이를 위반한 사람을 일반 재판이 아니라 군법 회의에 회부한다고 발표했다. 긴급 조치와 때를 맞추어 전국 민주 청년 학생 총연맹(민청학련) 사건을 발표했는데, 민청학련이 북한의 사주를 받는 인민 혁명당(인혁당)과 연계되어 국가 전복을 꾀했다면서 관련된 대학생이나 재야인사들을 대규모로 구속하고 심지어 사형까지 감행했다. 그러나 이 사건은 뒤에 밝혀졌지만 중앙정보부가 철저하게 조작한 사건이었다.

민주화 인사를 공산주의자로 만드는 용공 조작까지 하면서 민주화 운동 자체를 압살하려 들었지만, 민심은 이미 이 최악의 독재 정권에서 떠나고 있었다. 1978년 제10대 국회의원 선거에서는 김영삼의 신민당이 박정희의 공화당을 득표율에서 이기는 사건이 일어날 정도였다. 이런 상황이었음에도 박 정권은 꿈에서 깨어나지 못하고 1979년 YH 무역 노동자들의 신민당사 농성 사건을 계기로 신민당 총재 김영삼을 국회에서 제명하는 무리수를 두었다. 사실 YH 노동자들의 농성도 정당한 임금 인상 요구에 사업주가 위장 폐업을 하는 바람에 일어난 것이었고, 박 정권의 극악한 노동자 탄압에 기댈 곳이 없었던 이들이 신민당사에 들어간 것뿐인 그저 그런 사건이었다. 그런데도 박 정권은 이들을 강제 진압하는 것도 모자라 김영삼 총재마저 제명하는 강수를 두었던 것이다.

김영삼 총재의 정치적 고향인 부산과 마산에서 먼저 국민의 분노가 폭발했다. '부·마 항쟁'이라고 불리는 시위가 급속하게 전국으로 번질 우려가 있자 박 정권은 부산에 계엄령을 선포하고 마산·창원에는 위수령을 발동해 진압했다. 군인까지 동원한 강경 진압으로 시위는 잦아들었지만 정국은 폭풍 전야와도 같았다. 그리고 바로 며칠 뒤인 10월 26일 궁정동의 안가에서 박정희를 향해 총탄이 발사되었다. 범인은 박정희의 5·16 쿠데타 동지이자 심복이었던 김재규 중앙정보부장이었다. 국민들의 분노가 폭발하기도 전에 독재 정권 내부에서 파열음이 터진 것이다. 하지만 개발 독재의 긴 터널에 갇혀 있던 한국인에게 이런 상황은 기대만이 아니라 불안에 가득 차 있는 것이기도 했다. 왜냐하면 그것이 한국 민중 스스로의 힘으로 얻어 낸 것이 아니라 유신 정권 내부의 균열로 주어진 사태였기 때문이다.

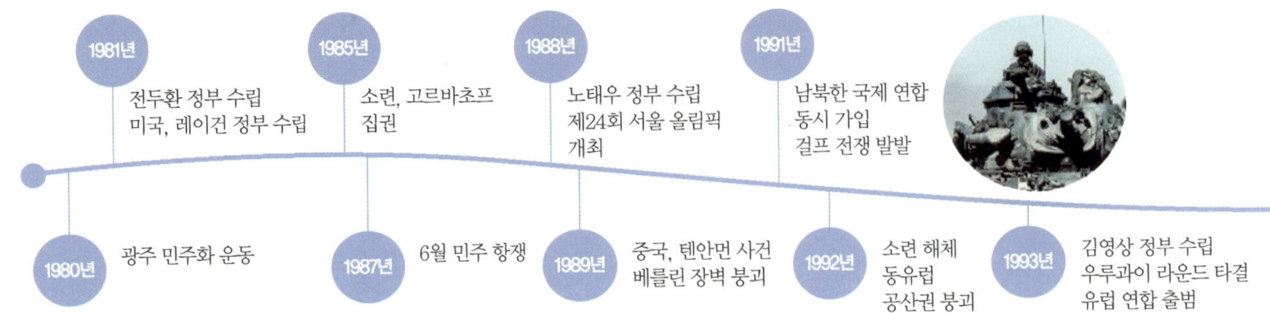

5권
2부

글로벌 시대와 한국 현대사

시장의 질주와 남북한

| 1980년~2007년

신자유주의의 공세가 강화되고 신군부가 등장하다

1970년대 중반 이후 자본주의의 맏형 미국은 매우 곤혹스런 시기를 맞고 있었다. 석유 파동부터 시작된 경제 위기에 이어 1975년에는 베트남 전쟁에서 패배했고 1979년에는 중동의 이란과 라틴 아메리카의 니카라과에서 잇따라 반미 혁명이 일어나는 등 곳곳에서 미국의 패권은 도전받는 상황이었다. 이란 혁명은 이슬람 원리주의 세력을 이끄는 호메이니가 친미 팔레비 왕조를 무너뜨린 것으로 미국과 적대적인 관계를 형성할 수밖에 없었다. 니카라과에서는 아예 산디니스타 민족 해방 전선이라는 사회주의 세력이 집권했다. 1979년 말에는 아프가니스탄에서 좌익 계열의 장교들이 쿠데타를 일으키자 미국이 반군 게릴라를 지원했는데, 이를 저지하고자 소련군이 전격 침공하는 사건까지 발생했다.

미국의 패권이 도전받으면서 강력한 미국에 대한 열망이 미국 사회를 휩쓸었다. 이때 등장한 인물이 바로 배우였던 로널드 레이건이었다. 1981년 미국 대통령에 당선된 레이건은 위대한 미국의 건설이라는 슬로건을 내걸고 그 처방전으로 신자유주의 정책을 표

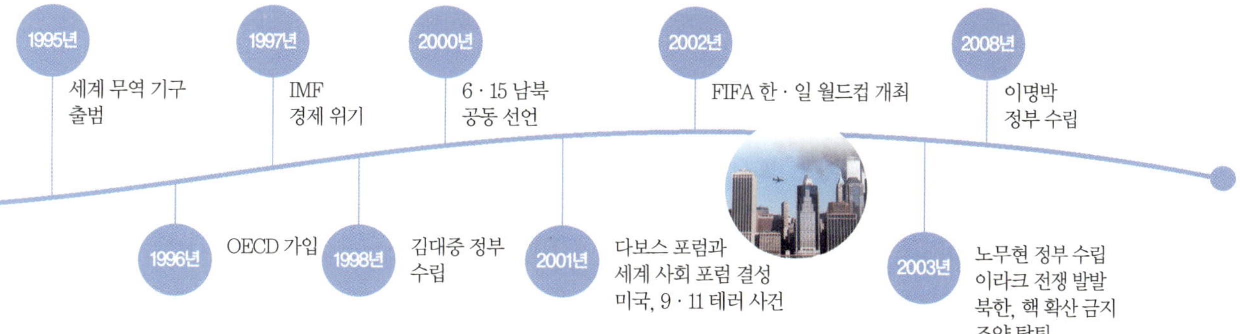

방했다. 미국 내에서는 정부의 기업에 대한 규제 해제와 세금 축소, 노동자에 대한 복지 축소와 단기적 고용 계약의 허용 등을 밀어붙였다. 이로 인해 기업들은 마음껏 이윤 추구를 하면서 미국 경제에도 다시 활력이 솟아났는데, 레이건의 신자유주의 정책을 레이거노믹스라고 한다. 미국 경제가 살아나면서 자본과 군사력을 동원해 소련과 우주 공간까지 이용한 핵전쟁, 일명 '스타워즈'도 불사하는 체제 경쟁을 벌이려 했고 사회주의 국가들까지 포함하는 국경 없는 자본 자유화를 밀어붙였다. 강력한 반소 포위 작전을 수립한 것이다. 여기에 개혁 개방을 선언한 중국 등이 미국의 공세에 일조했고, 영국에서는 철의 여인 마거릿 대처가 등장해 신자유주의의 전사 레이건을 측면 지원했다.

이미 군비 경쟁을 위한 중공업 우선 정책이 한계에 도달한 데다가 미국의 포위 공세로 수세에 몰린 소련은 개혁 개방을 내세우며 자본주의와 타협하는 정책을 추진하고자 했다. 소련어로 재건을 의미하는 페레스트로이카와 개방을 의미하는 글라스노스트를 내걸고 나선 인물은 1985년 집권한 고르바초프였다. 그는 강력하게 스탈린 시대의 프롤레타리아 독재를 부정하고 민주적이고 다원적인 사회주의 건설과 동맥 경화에 걸린 사회주의 경제의 개혁과 개방을 내걸었다. 시장 경제의 요소를 도입해 고사 직전에 있던 소련 경제를 부활시키고 미국과의 관계 또한 개선하려고 한 것이다.

고르바초프의 개혁 개방 정책에 소련과 동유럽의 민중은 환호했다. 그런데 이들이 환호한 것은 레닌으로의 복귀를 주장한 고르바초프의 주장이 아니라, 소련과 동유럽 사회를 질식하게 만들었던 공산당 일당 독재에 대한 비판과 자유화였다. 이미 소련에 의해 한번 좌절의 아픔을 겪은 그들이 요구한 것은 소련의 꼭두각시에 불과한 지도자가 아니라 자유화 요구를 수용하는 민주적인 정권이었다. 소련 역시 내부에서 일어난 반응은 사회주의의 재건축이 아니라 반사회주의 정서였다. 아이러니하게도 고르바초프가 소환한 것

은 인간의 얼굴을 한 사회주의가 아니라 사회주의의 해체이자 신자유주의에 대한 항복
이었던 셈이다.

　소련과 동유럽에 개혁 개방의 바람이 불고 있던 1986년 세계 경제를 신자유주의 질서
에 맞도록 재편하려는 중요한 협상이 시작되었다. 우루과이 라운드라고 불리는 다자간
협정이 그것이다. 그동안 브레턴우즈 체제를 지키면서 세계 무역 질서를 규제한 장치는
'관세 및 무역에 관한 일반 협정(GATT)'이었다. GATT는 브레턴우즈 체제를 통해 맺은
무역 당사국 사이의 협정으로 자유 무역을 지향했지만, 각국이 자국의 산업을 위해 보호
하고자 했던 농산물이나 지적 재산권, 금융 서비스 등의 부문이 제외된 협정이었다. 그런
데 이런 부문의 제외는 신자유주의가 추구하는 국경 없는 자본의 자유로운 이동을 가로
막는 장벽으로 작용했다. 이제 신자유주의가 세계적인 대세가 되자 GATT는 우루과이
라운드를 통해 제외되었던 이들 장벽마저 허물고자 한 것이다. 그리고 이 협정에서
GATT를 대신해 세계 무역 질서를 새롭게 관장할 기구로 세계 무역 기구(WTO)를 창설하
기로 합의했다. WTO가 창설되면 세계 경제는 완전하게 신자유주의의 품안으로 들어가
게 되어 있었는데, 이것이 실현된 것은 1995년이다.

　전 세계가 격변하던 1980년 한국 또한 뜨거운 계절을 맞고 있었다. 1979년 박정희 대
통령이 죽자 국민들은 5·16 군사 정변에 의해 꺾인 4·19 혁명의 흐름이 다시 이어지기
를 바랐다. 그러나 권력을 향해 불나방처럼 뛰어든 신군부 세력은 12·12 쿠데타를 통해
수면으로 떠올랐다. 과거 박정희의 쿠데타에 적극 앞장섰던 전두환 보안 사령관이 이끄
는 신군부 세력은 군과 권력을 장악하고, 최규하 대통령을 무력화시켰다. 하지만 1980년
봄이 되자 대학가에서부터 조속한 민주화 일정의 실행을 요구하는 시위가 기지개를 켰
고 신군부의 속셈을 저지하려는 정치 세력의 움직임도 분주해졌다.

　이런 상황이 되자 신군부는 서울에서의 대규모 대학생 집회를 빌미로 삼아 5월 17일
계엄을 전국으로 확대하는 조치를 취하고 김대중을 비롯한 민주 인사들을 대거 연행했
다. '서울의 봄'이라 불리던 1980년 봄의 민주화 열기를 잠재우고자 한 것이다. 그러나 그
다음 날인 5월 18일부터 김대중의 정치적 고향이던 광주에서는 신군부의 권력 장악 음모
에 맞서는 시민적 저항이 분출하고 있었다. 신군부는 광주를 차단하고 공수 부대까지 동
원해 이를 진압하려 했다. 그러나 광주 시민들은 계엄군의 무차별 살육과 진압에 굴하지
않고 무장까지 하면서 광주 일대를 장악했다. 광주 민주 항쟁이 일어난 것이다. 다급해
진 신군부는 5월 27일 대규모 군대를 동원해 광주의 시민 항쟁군을 무자비하게 제압했
다.

　이제 거칠 것이 없어진 신군부는 집권 계획을 착착 진행했다. 사회악 일소라는 명목으

로 수많은 사람들을 삼청 교육대에 보내 강제 노동과 육체적 훈련에 시달리게 했고, 언론 통폐합을 하고서는 악명 높은 '보도 지침'으로 언론에 재갈을 물렸다. 그리고 1980년 8월 유신 시대의 간접 선거 기관이던 통일 주체 국민회의에서 전두환이 11대 대통령에 당선되면서 우리 역사에는 또 다시 비정상적인 군부 독재 정권이 탄생했다.

신군부가 집권하면서 유신 정권 못지않은 독재와 억압이 이어지자 국민들은 분노했다. 그런데 이때부터는 1970년대에는 볼 수 없었던 반미 자주화와 노동 해방의 구호도 터져 나왔다. 반미 구호가 나온 이유는 미국이 신군부의 집권을 방조하고 광주 민주 항쟁을 진압하도록 군을 이동하는 것에 동의했다는 사실에 있었다. 그동안 반미의 무풍지대였던 한국에서 반미 자주화라는 새로운 정서가 확산되는 것은 시간 문제였다. 여기에 신군부의 폭압 과정이 기득권 세력이던 자본가들과의 유착으로 이어지면서 노동 해방의 목소리도 점차 힘을 얻어 갔다. 1985년 12대 총선을 계기로 강력한 야당을 표방하던 신한 민주당(신민당)이 등장해 전두환의 들러리 역할을 하던 제도권 야당을 누르면서 이런 기운은 더욱 확산되었다.

야당을 비롯한 민주화 세력의 요구는 두 가지였다. 하나는 체육관에서 간접 선거로 대통령을 뽑는 헌법을 개정해 직선제를 실시하라는 것이었다. 또 하나는 쿠데타와 민중 학살로 집권한 신군부 독재 세력이 물러나 국민의 심판을 받아야 한다는 것이었다. 하지만 자신의 목에 칼을 들이대는 이런 요구를 받아들일 리는 없었다. 그런데 신군부의 운명을 재촉하는 사건이 발생했으니, 바로 1987년에 일어난 서울대생 박종철 고문치사 사건이었다. 이 사건은 군부 독재 정권이 학생 운동을 막으려고 온갖 고문을 자행하면서 일어난 것인데도, "탁 치니 억 하고 죽었다."라는 식의 터무니없는 발표로 국민들의 분노를 촉발했고 항의 시위는 걷잡을 수 없이 확산되었다. 그리고 그해 6월 9일 또 하나의 참사가 일어나면서 전두환 정권을 몰락의 길로 내몰았다. 연세대생 이한열이 시위 도중 최루탄을 맞고 사망한 사건이었다. 경찰이 직격탄을 쏘아 꽃다운 젊은이가 사망하자 국민들의 분노 또한 임계점을 넘었다. 6월 10일부터 시위는 일파만파로 확산되었고 전두환 정권은 사면초가에 처했다. 6월 항쟁이 일어난 것이다.

6월 항쟁이 정점으로 치닫자 궁지에 몰린 전두환 일당은 6·29 선언이라는 묘책으로 구명도생의 길을 찾았다. 민정당의 차기 대권 주자였던 노태우가 발표한 이 선언은 직선제 개헌만 받아들인다는 것인데, 이는 신군부 세력의 치밀한 계산 아래 만들어진 타협안이었다. 당시 야권에는 김대중과 김영삼이라는 강력한 라이벌이 있었는데, 신군부는 직선제를 실시하더라도 이 둘이 동시에 출마하면 노태우가 당선될 것이라고 판단한 것이다. 그리고 1987년 12월에 치러진 대통령 선거는 신군부의 셈법대로 돌아가 노태우가 당선되고 말았다.

6월 항쟁에서 내걸었던 직선제 개헌과 독재 타도의 2가지 요구 가운데 직선제 개헌만 받아들이면서 6월 항쟁은 한국 민중의 진정한 승리로 이어지지는 않았다. 그러나 그 뒤를 이어 7~9월에 일어난 노동자 대투쟁을 통해 한국 민중은 스스로의 힘으로 사회적 권리를 획득하는 쾌거를 이룩했다. 이 투쟁으로 1,000여 개에 이르는 노동조합이 새로 탄생했고 임금이나 복지 등 노동자의 근로 조건은 크게 개선되었다. 무엇보다도 노동자가 한국 역사 최초로 사회를 이끌어 가는 주역으로 등장했다. 신자유주의의 공세로 노동 운동이 퇴조하던 시기에 한국 노동 운동은 도리어 비약적인 발전을 이루어 낸 것이다.

냉전의 종식과 한국 민주주의의 발전

1988년 9월 서울에서 열린 제24회 올림픽은 전 세계인의 축제였다. 그전에 열렸던 모스크바와 로스앤젤레스의 올림픽이 소련의 아프가니스탄 침공이라는 정치 문제로 반쪽짜리 올림픽이었던 것에 비해 동유럽 사회주의 국가들을 포함한 159개국 8천여 명의 선수가 참여했기 때문이다. 서울 올림픽은 그들이 염증을 느끼고 있던 사회주의 체제가 얼마나 뒤떨어진 것이었는지를 새삼 깨닫게 해 주었던 것일까. 이듬해인 1989년부터 동유럽을 비롯한 사회주의 체제 곳곳에서는 균열의 파열음이 터져 나오기 시작했다.

먼저 민주화 운동의 봇물이 터진 곳은 중국이었다. 고르바초프의 중국 방문을 계기로 일어난 6·4 톈안먼 사건은 경제에서는 개혁 개방을 추구했지만 정치에서는 여전히 공산당 일당 독재를 지키려던 덩샤오핑 노선에 대한 반발이었다. 하지만 중국 당국은 군대를 동원, 톈안먼에 모인 시위 군중을 강제 해산했고 시위는 다시 수그러들었다.

동유럽은 중국과 달랐다. 곳곳에서 일어난 민주화 시위는 더 이상 통제가 불가능한 상황으로 이어졌고, 1989년부터 폴란드를 비롯한 헝가리, 체코, 루마니아 등에서 새로운 정권이 속속 등장하기 시작했다. 이 바람은 곧바로 동독으로 이어졌고 그해 11월 9일에는 동서 냉전의 상징이던 베를린 장벽이 속절없이 무너졌다. 시민들의 힘으로 무너진 베를린 장벽은 동독 시민의 서독 탈출을 저지하려고 만든 것이어서 그 의미는 더욱 컸다. 베를린 장벽이 무너지고 얼마 되지 않은 12월 2, 3일 부시 미국 대통령과 고르바초프 소련 서기장은 지중해의 휴양지 몰타에서 만나 냉전 종식을 공식 선언했다. 냉전 종식의 선언과 더불어 동유럽 사회주의 정권들은 차례로 무너졌고, 1991년의 마지막 날 소련이 해체되면서 대미를 장식했다. 70여 년의 짧은 생애를 마친 소련은 11개국이 모인 독립 국가 연합(CIS)과 4개의 독자적 국가로 분리 독립했으며, 러시아는 보리스 옐친을 대통령으로 선출하고 자본주의 국가로 전환했다.

사회주의 세력이 사라지면서 미국은 세계 유일의 초강대국이 되었다. 이제 미국에 맞설 수 있는 나라는 지구상에 없었다. 미국은 이런 자신의 힘을 과시하는 첫 실험 대상으로 이라크를 잡았다. 이라크의 독재자 후세인은 이웃 나라 쿠웨이트가 석유를 과잉 생산해 자신들의 이익을 침해한다고 주장하면서 전격적으로 침공했다. 미국은 즉각적인 철수를 요구했지만, 후세인이 배짱을 퉁기자 이라크에 대한 대규모 공습을 펼쳐 불과 40여 일 만에 이라크의 철군을 이끌어 냈다. 텔레비전으로 생중계까지 된 전쟁은 마치 한 편의 영화 장면과도 같았다.

미국이 유일 초강대국으로 등극하는 것과 때를 맞추어 신자유주의 세력은 1995년 WTO를 설립하면서 자본의 세계화 시대를 열었다. 이 세계화의 밑받침이 된 것은 초고속 인터넷 망으로 연결된 전자 상거래였다. 전자 상거래는 세계 어느 곳에서나 빛의 속도로 거래할 수 있게 만들었고, 정보 통신의 발달은 자본과 상품의 자유로운 유통을 가로막는 국경선을 없애 버렸다. 이로써 15세기 말 대항해로 시작된 세계화는 마침내 완성 단계에 이르렀다. 더구나 WTO는 말 그대로 GATT와 같은 '협정'이 아니라 '기구'였다. 말하자면 회원국의 불공정한 무역 행위를 규제할 수 있는 강력한 국제기구로서 기능하면서, 무역 거래를 가로막는 각종 관세 및 비관세 장벽*의 철폐를 위해 2년마다 회원국의 재무 장관 회의를 개최했다.

이와 별도로 미국과 유럽의 선진국들은 자유 무역 협정(FTA)을 통해 각 지역별로 무역 자유화를 위한 관세 등의 장벽 철폐에 나섰다. 가령 1992년 미국과 멕시코, 캐나다가 맺은 북미 자유 무역 협정이나 2012년 우리가 미국과 맺은 한미 자유 무역 협정은 이런 지역적 결합의 형태였다. 비교하자면 WTO는 세계적인 차원에서 무역 자유화를 위해 회원국들을 규제까지 할 수 있는 국제기구이고, FTA는 WTO를 지원하거나 보완하고자 각 지역별로 당사국들이 자유롭게 맺는 지역 결합체였다. 이렇게 두 개의 체제를 통해 세계는 하나의 시장에서 무제한 자본과 상품 이동이 가능하게 되었다.

신자유주의 세력은 이것을 진정한 세계화이자 자유화라고 주장했다. 그러나 신자유주의가 추구하는 자유의 본질은 자본의 자유일 뿐이다. 더구나 그들이 말하는 세계화 또한 국제 금융 자본이나 다국적 기업의 입장이나 이해만을 반영한 것이지 노동자나 후진국의 입장을 반영한 것이 절대 아니었다.

노동에 대한 자본의 승리라고 부를 수 있는 세계화의 질주 속에서 한국 사회는 어디로 가고 있었을까? 김영삼과 김대중의 분열로 어부지리를 얻어 당선된 노태우 대통령은 전두환의 친구이자 신군부 세력의 핵심 인물 가운데 하나였다. 그런 그가 군부 독재 시대가 남긴 반민주적 유산을 청산하고 남북 화해와 같은 당면 과제를 해결할 것이라고 보기는 어려웠다. 하지만 국민들은 마치 4·19 혁명 직후처럼 각종 민주화에 대한 요구는 물론 광주 학살과 비리의 주범 전두환에 대한 처벌을 강력하게 요구하고 있었다. 더구나 1988년 총선에서 조성된 여소야대 국면은 노태우 정권의 발목을 붙잡고 있었다.

이런 상황이 되자 노태우 정권은 보수 대연합이라는 새로운 카드를 꺼내 난국을 풀려고 들었다. 보수 대연합이란 일본 우파 정권이 중도적인 세력까지 끌어들여 장기 집권한 데에서 나온 발상으로, 야당의 일부 세력을 끌어들여 거대 여당을 만들고 차기 정권까지 창출하자는 것이었다. 이렇게 해서 1990년 1월 김영삼이 이끄는 통일 민주당과 김종필이 이끄는 신민주 공화당을 포함해 거대 여당인 민주 자유당(민자당)을 결성했다. 제1 야당이던 평화 민주당(평민당)의 김대중은 졸지에 약체 야당의 지도자로 추락했다.

1992년 대통령 선거에서 민자당의 김영삼이 당선된 것은 보수 대연합의 효력이 지속되었기 때문이다. 민간인이 처음으로 당선되었다고 해서 문민정부라 불린 김영삼 정부 앞에 놓인 과제는 세계적인 추세에 있던 신자유주의의 공세 앞에서 한국 경제를 어떻게 보전하면서 이끌어 가느냐의 문제였다. 하지만 김영삼 정권의 경제 브레인을 포함, 대다수 지식인들은 한국 경제에 대해 낙관하고 있었다. 그런 낙관은 1996년 경제 협력 개발 기구(OECD) 가입으로 한국 경제가 선진국 대열에 들어섰다고 한 데에서도 알 수 있다. 이 기구는 개발 도상국에 대한 원조와 자유 무역의 확대 등을 위해 설립했지만, 세계 경제를 이끌고 있던 WTO나 IMF(국제 통화 기금) 등의 정책에도 영향을 미치는 기구 가운데 하나였다. 더구나 OECD 가입은 신자유주의가 요구하는 자본 이동이나 경상 무역 외 거래 자유화 등을 필수 요건으로 하는 것이기도 했다. 이것은 자본 자유화에 대한 대응 준비가 되어 있지 않은 한국의 금융 기관이나 주식 시장 등에도 큰 파장을 미칠 수 있었다. 더구나 외환 시장이나 주식 시장에 들어온 외국 자본의 대다수는 언제든지 단물만 빼먹고 빠져나갈 수 있는 국제 투기 자본이었다.

1997년 초부터 시작된 기업의 부도 사태에 이어 연말에는 주가가 폭락하고 환율이 급등하면서 한국 경제는 추락하고 말았다. 'IMF 사태'라 불리는 외환 위기가 터진 것이다. 다급해진 김영삼 정부는 미국과 일본에 구원의 손길을 요청했다. 하지만 한국 경제를 신자유주의 체제로 개편하려는 의도를 가진 미국은 냉정하게 이를 거절하고 한국 정부에 IMF 구제 금융을 신청하라고 주문했다. IMF는 구제 금융의 조건으로 강도 높은 기업의 구조 조정이나 정부의 긴축 재정 등을 요구했는데, 이는 한국 노동자의 삶을 길거리로 내모는 것을 의미했다. 구제 금융 이외의 방법을 찾지 못한 김영삼 정권은 IMF의 요구를 그대로 들어 주어야 했고, 이후 수많은 기업의 부도와 은행 통폐합, 구조 조정에 따른 정리해고 등으로 1987년 이래 쟁취했던 노동자의 권리는 다시 바닥으로 내팽겨졌다. IMF 사태로 한국인들의 자존심은 산산조각이 나고 수많은 사람들이 강제 해고나 생활고 등으로 목숨까지 잃는 비극을 겪었다. 그리고 1987년 말에 치러진 선거에서 김대중 후보가 당선되어 건국 이래 처음으로 선거로 정권을 교체했다. 하지만 김대중 정부가 떠안아야 하는 당면 과제는 엄중한 것이었다. 더 많은 구조 조정을 통해 신자유주의 체제로 편입하라는 IMF의 요구를 거부하기에는 이미 한국 경제의 상황이 너무도 다급했기 때문이다. 김대중 정권은 결국 IMF의 요구대로 한국 경제를 완전히 개편해서야 위기에서 벗어날 수 있게 된다.

세계화가 진행되면서 양극화가 심화되다

1990년대는 신자유주의가 이끈 세계화의 시대였다. 세계 무역 기구(WTO)가 출범하고 우루과이 라운드의 종료와 뉴 라운드의 개시가 합의되면서 세계화의 밑그림은 완성되었다. 그러나 1999년 11월 말 밑그림을 구체적으로 실현하려고 세계 무역 기구 가맹국들이 시애틀에서 시작한 뉴 라운드 협상은 시작부터 삐걱거렸다. 세계 각국에서 모인 4만여 명의 반세계화 세력이 인간 사슬을 두르고 WTO의 해체를 외치며 시위를 벌였기 때문이다.

반세계화 세력은 노동조합이나 농민 단체, 환경 단체 등에서부터 멕시코의 반정부 게릴라 조직에 이르기까지 매우 다양했지만, 이들이 주장하는 내용은 하나였다. 그것은 세계화가 1퍼센트의 배만 불리고 99퍼센트의 삶을 파괴한다는 것, 부자 나라와 가난한 나라 사이의 빈부 격차를 더욱 늘리기만 한다는 것이었다. 이들 '반세계화 세력'은 신자유주의 세계화를 논의하는 국제 회의장마다 따라다니며 시위를 벌이는 등 맞불을 놓기 시작했다. 냉전 시대에 이념을 달리하는 두 개의 진영으로 나뉘었던 세계가 이제는 모든 것을 가진 1퍼센트와 모든 것을 잃은 99퍼센트의 두 진영으로 나뉘어 새로운 대결의 장을 열었던 것이다. 그리고 2001년 다보스 포럼을 계기로 이들 반세계화 세력은 적극적인 연대를 모색하며 '세계 사회 포럼'을 결성했다. 다보스 포럼이란 세계 주요 국가의 정계나 경제계 수뇌들이 매년 스위스의 다보스에 모여 정보 교환 및 세계적인 현안 문제를 토론하는 모임으로 세계화 세력의 상징과도 같은 존재였다.

세계화의 흐름은 한국에도 직접적인 영향을 미쳤다. 김대중 정권은 1998년부터 강도 높은 구조 조정을 통해 한국 경제를 고스란히 신자유주의의 품안에 편입시켜야 했다. 이로 인해 한국 경제는 다시 활력을 되찾았지만 이 과정에서 모든 짐이 노동자의 몫으로 떨어졌다. 1987년 노동자 대투쟁 이후 어느 정도 소득 분배가 이루어지던 추세는 사라지고 부익부 빈익빈의 양극화가 본격적으로 진행되었고 비정규직 노동자의 대량 양산으로 사회 전반에는 고용 불안까지 덮쳤다.

김대중 정부는 세계화의 과정에 편입되면서 한국 자본의 영토를 중국이나 소련 등으로 넓히는 한편 북한에도 적극적인 제휴의 손길을 뻗쳤다. 그것이 세계화의 흐름 속에서 한국 경제가 최대한 자기 영역을 확보하는 길이었기 때문이다. 이를 위해 김대중 정권은 남북 정상 회담을 적극적으로 추진하려고 했다. 한국이 외환 위기로 시달리고 있을 때 북한의 김정일 정권도 심각한 기근과 수해가 닥쳐 위기에 직면하고 있었다. 이렇게 남북 모두 위기에 처하자 남북 양측은 화해와 대화에 적극성을 보였고 2000년 6월 13일 역사적인 남북 정상 회담이 열리게 되었다. 사실 남북 정상 회담의 역사적인 의미는 남북통일이라는 민족적 과제에 있었지만 현실적인 의미는 경제 협력에 있었다. 남쪽의 경제 위기와 북쪽의 식량난 문제를 해결하기 위해 양측은 개성 공단과 금강산 관광지 개발 등 경제 협력에 합의했다.

그런데 순조로울 것 같았던 남북한의 화해와 협력은 국제 환경이 변화하면서 순탄치 않은 길을 걸어야 했다. 가장 먼저 남북 관계를 악화시킨 것은 미국의 부시 대통령이 테러와의 전쟁을 선포하고 북한을 이란, 이라크와 더불어 악의 축으로 규정하면서였다. 2001년 9월 11일에 일어나 9·11 테러 사건이라 부르는 미국 무역 센터와 국방부 건물에 대한 비행기 테러는 이슬람 원리주의 무장 단체인 알 카에다가 일으킨 사건이었다. 알 카에다는 이슬람교에 적대적이던 미국의 심장부를 공격해 미국의 각성을 촉구하려 했지만, 분노한 부시는 도리어 알카에다의 지도자 오사마 빈 라덴을 숨겨 주고 있다는 이유로 아프가니스탄을 침공해 탈레반 이슬람 원리주의 정권을 전복했다. 그리고 2003년에는 대량 살상용 화학 무기를 갖고 있다는 이유로 이라크 후세인 정권을 전복하고자 이라크 전쟁을 일으켰다. 물론 부시가 군사적 일방주의로 나가게 된 배경에는 중동의 석유 이권을 차지하기 위한 야망이 숨겨져 있다고 의심받고 있었다. 문제는 미국의 직접적인 영향을 받게 되어 있는 남북 관계였다. 미국의 대북한 공세가 강화되면서 남북 관계는 다시 차갑게 얼어붙을 수밖에 없었다.

이런 상황에서 2003년 김대중 대통령과 같은 민주당의 노무현 정권이 들어섰는데, 바로 그해에 미국의 경수로 지원 약속이 지켜지지 않았다는 이유로 북한이 핵 확산 금지 조약(NPT)*에서 탈퇴했다. 이렇게 되자 남북 관계는 더욱 굳어지고 말았다. 개성 공단이 가동되고 있었고 김대중과 노무현 정권의 북한 지원 정책인 햇볕 정책도 이어졌지만, 한국 내에서조차 남북 경제 협력이나 남북 화해 분위기를 비판하는 목소리가 높아졌다.

남한 자본의 영역 확대와 남북 화해를 꾀하고자 했던 햇볕 정책이 도마에 오르고 남북 관계가 다시 악화되자 노무현 정권은 한미 자유 무역 협정을 체결해 한국 경제의 난국을 풀려고 했다. 노무현 대통령의 의도는 한국과 미국이 먼저 FTA를 맺고, 곧바로 중국과 FTA를 맺어서 한국이 동아시아의 경제적 중간 고리로서 존재하게 하자는 것이었다. 그러나 한미 FTA는 미국의 일방통행식 패권주의에 반대하는 목소리가 점차 커지고 있던 국민 정서와도 맞지 않았을 뿐만 아니라, 한국 경제를 신자유주의 세력에게 더욱 종속시킬 수도 있는 사안이었다. 어쨌든 노무현 정권에 이어 2008년 취임한 이명박 대통령은 신자유주의 세계화를 지지하는 인물이어서 우여곡절 끝에 2012년 한미 FTA는 본격적인 궤도를 올리게 된다.

2000년대에 들어와서 신자유주의 세력의 세계화에 반대하는 목소리는 점차 커지고 있다. 더구나 선진국과 개발 도상국 사이의 의견 차이로 세계화 세력이 추진하던 뉴 라운드 협상도 지지부진한 상태로 남아 있다. 이런 추세를 보면 1970년대 초에 등장해서 20여 년 동안 세계를 이끌던 신자유주의는 점차 내리막길을 걷고 있다고 볼 수 있다. 미국에서 시작된 2000년대의 세계 경제 위기는 그 징조라고도 하겠다. 그러나 신자유주의를 대체할 새로운 시대의 패러다임은 아직 모습을 드러내지 않고 있는 실정이다. 그것은 어떤 형태로든 '1퍼센트의 부자와 99퍼센트의 가난한 사람들'이라는, 신자유주의가 가져온 절망적 구도를 극복하는 방안이 될 것이다. 더구나 우리에게 더 중요한 것은 이런 패러다임에 걸맞은 의지와 능력을 가진 사람들이 한국사에서도 주도권을 가지게 되리라는 점이다.

글로벌 한국사 정리 노트

단숨에 읽는 글로벌 한국사

초판 인쇄 2012년 11월 29일 | 초판 발행 2012년 12월 3일
엮은이 글로벌 한국사 편집위원회 | 펴낸이 홍석 | 기획위원 채희석 | 편집부장 이정은
책임편집 신관식 | 디자인 캠프커뮤니케이션즈 | 마케팅 홍성우 · 김정혜 · 김화영

펴낸곳 도서출판 풀빛 | 등록 1979년 3월 6일 제8-24호
주소 120-818 서울시 서대문구 북아현 3동 177-5
전화 02-363-5995(영업) 02-362-8900(편집) 02-393-3858(팩스)
홈페이지 www.pulbit.co.kr | 전자우편 pulbitco@hanmail.net

ⓒ 글로벌 한국사 편집위원회, 2012

ISBN   978-89-7474-457-1 14900
       978-89-7474-445-8 (세트)

책값은 뒤표지에 표시되어 있습니다.

이 도서의 국립중앙도서관 출판시도서목록(CIP)은 e-CIP 홈페이지(http://www.nl.go.kr)와
국가자료공동목록시스템(http://www.nl.go.kr/kolisnet)에서 이용할 수 있습니다. (CIP제어번호: CIP2012005479)